La Collection de l'Hôpital Sainte-Justine
pour les parents

D0759989

Apprivoiser
et le déficit de l'attention

Colette Sauvé

Éditions de l'Hôpital Sainte-Justine

Centre hospitalier universitaire mère-enfant

La Collection de l'Hôpital Sainte-Justine
pour les parents

Apprivoiser l'hyperactivité et le déficit de l'attention

Colette Sauvé

Éditions de l'Hôpital Sainte-Justine

Centre hospitalier universitaire mère-enfant

Données de catalogage avant publication (Canada)

Sauvé, Colette, 1949-

Apprivoiser l'hyperactivité et le déficit de l'attention

Nouv. éd. rev. et augm.

(Collection Parents)

Publ. antérieurement sous le titre : Apprivoiser l'hyperactivité et le déficit de l'attention. Salaberry-de-Valleyfield [Québec] : Centre hospitalier régional du Suroît, 1997.

Comprend des réf. bibliogr.

Publ. en collab. avec : Centre hospitalier régional du Suroît.

ISBN 2-921858-86-X

1. Parents d'enfants inadaptés - Counseling - Guides, manuels, etc. 2. Enfants hyperactifs - Modification du comportement - Guides, manuels, etc. 3. Enfants inattentifs - Modification du comportement - Guides, manuels, etc. 4. Rôle parental - Guides, manuels, etc. I. Hôpital Sainte-Justine. II. Centre hospitalier régional du Suroît. III. Titre. IV. Collection.

HQ759.913.S38 2000   649'.153   C00-940360-4

Illustration de la couverture : Sébastien St-Pierre
Illustrations (intérieur) : Jean-François Boisvert
Infographie : Céline Forget

Diffusion-Distribution au Québec : Prologue inc.
                              en France : Casteilla Diffusion
                              en Belgique et au Luxembourg : S.A. Vander
                              en Suisse : Servidis S.A.

Éditions de l'Hôpital Sainte-Justine
3175, chemin de la Côte-Sainte-Catherine
Montréal (Québec) H3T 1C5
Téléphone : (514) 345-4671
Télécopieur : (514) 345-4631
www.hsj.qc.ca/editions

Dépôt légal : Bibliothèque nationale du Québec, 2000

La Collection de l'Hôpital Sainte-Justine pour les parents bénéficie du soutien du Comité de promotion de la santé et de la Fondation de l'Hôpital Sainte-Justine.

À chacun d'entre vous, chers parents,
qui seuls pouvez mesurer tout l'amour
que vous avez consacré à faire grandir votre enfant.

Remerciements

▼

J'adresse ma reconnaissance à tous ceux qui, par leur engagement, m'ont permis de réaliser ce rêve : offrir des ressources et des stratégies aux parents d'enfants hyperactifs et inattentifs.

Ginette Biron, ergothérapeute, coordonnatrice du Centre de réadaptation et des services sociaux du CHRS, une complice de tous les instants qui, dès le départ, a cru à cet ouvrage ; elle a encouragé et soutenu l'esprit de sa création tout autant que sa diffusion.

Jean-François Boisvert, un artiste qui, par une note fantaisiste, a fait ressortir les caractéristiques de l'enfant hyperactif. Avec sa sensibilité d'illustrateur, il a réussi à nous faire sourire devant l'exagération.

Andrée Bastien, ergothérapeute ; je loue son habileté à se servir de sa créativité pour aussi donner de l'éclat aux idées.

Michelle Lambin, travailleuse sociale ; elle a permis à cet ouvrage d'élargir ses horizons.

Luc Bégin, responsable des éditions de l'Hôpital Sainte-Justine ; il a transformé mes aspirations en une attrayante réalité.

Docteur Bertrand Tremblay, pédiatre ; il a su me transmettre sa passion pour les enfants hyperactifs et stimuler le désir de produire un guide pour épauler leurs parents.

J'ai eu aussi le privilège d'être fort bien entourée, tant au plan de l'élaboration qu'à celui de la révision de cette publication, par des personnes qui exercent leur profession dans la bureautique, la psychologie, la réadaptation et les sciences. De plus, j'ai reçu l'appui et les riches témoignages de parents engagés dans l'action et la diffusion de l'information. À tous, je tiens à exprimer ma gratitude pour leur grande générosité, leur imaginaire, leur compétence, leur expérience et leurs observations.

Ce sont: Louise Boulanger, t.s., Jeannette Côté et Gail Desnoyers de l'AQETA, Ariane Gendron, M. A., Yvon Lantin, Patricia Lavigueur, Lorraine Lecours, Chantal Leduc, chef de Santé mentale jeunesse, Pierre Martineau, Pharm. D., Marc Paquin, édu., Yves Roy, agent de communications, Gaston Sauvé, M. Sc., Pierre-Paul Scott, M. Ps., Monique St-Onge, sec. et Catherine Théôret.

TABLE DES MATIÈRES

▼

Avant-propos

▼

En tant que parent d'un enfant affecté d'un diagnostic de déficit de l'attention/hyperactivité, vous vous questionnez probablement sur la façon la plus efficace de gérer son comportement parfois fracassant. Pour répondre à vos interrogations, je vous propose trois parcours ; ils s'entrecroisent et se chevauchent à l'occasion. Je les ai tracés ainsi afin de nourrir votre réflexion et vous guider vers une destination fiable.

Premier parcours : démystifier le phénomène

S'informer et comprendre constitue la première phase pour accepter ce désordre neurobiologique et ses troublantes manifestations sur la personnalité et le comportement de votre enfant. Démystifier le phénomène vous permettra de saisir pourquoi votre enfant agit comme il le fait. Vous découvrirez que ses écarts de conduite sont dus aux méfaits de ce désordre plutôt qu'à des actes volontaires. Vous serez alors en mesure de vous fixer des attentes réalistes vis-à-vis les capacités et les limites de votre enfant. Les notions exposées ici pourront vous aider à chasser la culpabilité, l'inquiétude et le blâme. Bien plus, elles vous aideront à vous positionner comme protecteur efficace et, à certains égards, comme agent d'information auprès de votre jeune et ce, à la maison, à l'école et dans son environnement social.

Deuxième parcours : prendre conscience de ses habiletés d'éducateur

Les habiletés d'éducateur que vous possédez déjà, qui vous sont naturelles et avec lesquelles vous vous sentez à l'aise, forment le pivot de votre action. En vous servant de ce qui vous est familier, vous pourrez, petit à petit, élargir votre intervention et agir avec plus de clairvoyance et d'assurance auprès de votre enfant. Vous vous faciliterez la tâche et vous vous sécuriserez tout autant.

Troisième parcours : ajouter des stratégies nouvelles

Cela multipliera la gamme de vos moyens d'action. Ainsi outillé, vous pourrez exercer une influence constructive sur votre enfant ou votre adolescent.

Afin de vous soutenir dans cette démarche et l'agrémenter, j'ai recueilli pour vous des notions-clés précieuses à connaître. Dans le premier chapitre, je vous présenterai brièvement les caractéristiques de cette anomalie du système nerveux central. La profusion, la richesse et la diversité de la documentation disponible peuvent vous permettre d'enrichir votre bagage sur ce thème. Dans la même veine, je vous suggère, en annexe, quelques livres traitant de l'hyperactivité et du déficit de l'attention ou des ouvrages plus généraux sur l'éducation de l'enfant et de l'adolescent.

Dans le deuxième chapitre, je vous proposerai une démarche et un style d'intervention qui peuvent s'appliquer aux jeunes de tous les âges. J'ai dressé pour vous des points de repère, soit des balises à suivre de même que des pièges à éviter.

Aux chapitres suivants, je m'intéresserai plus spécifiquement à chaque groupe d'âge. Le troisième chapitre concerne l'enfant de 3 à 5 ans, ainsi que le jeune de 6 à 12 ans. Le quatrième chapitre traite de l'adolescent.

La ligne directrice que je vous suggère pour tous les efforts que vous déployez, c'est de garder à l'esprit que les meilleurs résultats reposent sur le jumelage et la coordination de plusieurs moyens d'action.

Vous pouvez et devez croire à ce que vous dictent votre créativité et votre intuition de parent.

CHAPITRE 1

POURQUOI BOUGE-T-IL AUTANT ? POURQUOI A-T-IL L'ESPRIT AILLEURS ?

▼

« Papa, maman !
C'est pas de ma faute si j'écoute pas. C'est pas de ma faute si je dérange tout le temps. C'est pas de ma faute si j'ai la bougeotte. C'est pas de ma faute, ils sont toujours sur mon dos... »

C'est vrai, ce n'est pas de sa faute, mais vous constatez que votre enfant :

- déborde d'énergie (c'est une vraie tornade !) ;
- se laisse distraire, a de la difficulté à se concentrer, récolte des résultats scolaires qui ne reflètent pas ses capacités réelles ;
- présente certains troubles du comportement en situation de groupe (classe, récréation, équipe sportive...) ;
- a besoin qu'on s'occupe continuellement de lui.

Ce n'est pas de votre faute non plus !

Mais vous vous demandez :

- pourquoi mon enfant est-il différent ?
- va-t-il un jour arrêter de bouger autant ?
- va-t-il réussir à l'école malgré ses difficultés ?
- deviendra-t-il un adulte accompli et équilibré en dépit des obstacles ?

Il importe de savoir que le trouble du déficit de l'attention/hyperactivité (TDAH) est un syndrome (ensemble de symptômes) neurologique comportant trois caractéristiques principales.

1) Une attention inconsistante

L'enfant éprouve de la difficulté à soutenir la qualité de son attention et à la moduler d'une façon appropriée, du début à la fin d'une tâche ou d'une activité. Malhabile à sélectionner l'information pertinente, il se laisse captiver par tout ce qui l'entoure, par tout ce qui bouge et fait du bruit, c'est-à-dire par autre chose que l'essentiel du moment présent. Il renvoie l'image de quelqu'un qui n'écoute pas même lorsqu'on s'adresse à lui individuellement. Il oublie ce qu'il a à faire et ce qu'on lui dit. Il égare souvent ses objets personnels. Le sens de la planification et de l'organisation dans ses affaires ne fait pas spontanément partie de sa nature. Mais, motivé par une activité intéressante, il peut réussir à se concentrer longtemps.

2) De l'impulsivité verbale, motrice et sociale

L'enfant parle et agit souvent avant de réfléchir. Il se dépêche à réagir sans se soucier de la qualité de sa performance ou de ses relations avec les gens. Il ne perçoit pas le lien entre les actes qu'il pose et leurs conséquences. Il a de la difficulté à attendre.

Quelques exemples

d'impulsivité verbale : il passe des commentaires irréfléchis et désobligeants à haute voix ; il coupe souvent la parole aux autres ; en classe, il répond avant la fin de la question.

d'impulsivité motrice : il délaisse rapidement une activité pour une autre ; il a tendance à prendre des risques sans se soucier du danger ; il peut être brusque dans ses mouvements.

d'impulsivité sociale : son manque de sensibilité à décoder (dans ses relations les messages en provenance d'autrui le avec l'entourage) rend parfois envahissant et irrespectueux.

3) De l'hyperactivité

L'enfant peut bouger exagérément, surtout avec ses mains, ses pieds ou sa bouche (par des paroles ou des sons), souvent sans raison et partout où il passe (à la maison, à l'école, en public et peut-être même dans son sommeil). C'est ce qu'on appelle de l'agitation motrice.

Quelle est la cause de ce syndrome ?

En simplifiant, on pourrait dire que le cerveau se compose de millions de cellules nerveuses en relation les unes avec les autres. Elles sont regroupées dans des zones distinctes et forment les centres de contrôle sophistiqués de nos diverses habiletés. Le siège de l'attention, des émotions, de l'organisation et du comportement se situe dans les lobes frontaux, juste au-dessus des yeux.

Les cellules se communiquent de l'information entre elles par des substances chimiques appelées neurotransmetteurs. D'abord, une cellule libère ces substances en réponse à une impulsion électrique ; par la suite, ces substances sont captées par un récepteur à la surface d'une autre cellule et l'influx nerveux continue ainsi de se propager. Certaines recherches scientifiques retiennent l'hypothèse que, chez l'enfant présentant un déficit de l'attention et de l'hyperactivité, les données ne s'acheminent pas de façon normale, en raison principalement de l'insuffisance de sécrétion de certains de ces neurotransmetteurs.

Cette anomalie provoque un ralentissement dans le transport de l'information, ce qui, à son tour, modifie la vitesse de fonctionnement de la zone du cerveau concernée. Le manque de contrôle et d'attention de l'enfant que l'on qualifie d'hyperactif ou d'inattentif prendrait possiblement naissance dans ce désordre neurochimique. Il va sans dire qu'on parle ici d'une théorie parmi les diverses hypothèses retenues par des experts. Dans les faits, l'ensemble du phénomène n'est pas entièrement élucidé.

Cela signifie donc que la personnalité du parent, de même que le caractère, la maturité ou la bonne volonté de l'enfant ne sont pas les éléments déclencheurs de ce phénomène. Il s'agit d'un problème physique qui, bien que ne pouvant pas être guéri, peut se contrôler. En raison de la nature même de ce désordre, le monde médical considère l'enfant neurologiquement inattentif/hyperactif comme un jeune qui a des handicaps cachés et qui a besoin d'aide.

La littérature scientifique actuelle ne rapporte pas de lien significatif entre l'alimentation, les allergies, les sucres, les colorants, les additifs et le déficit de l'attention/hyperactivité ; et ce, ni à titre de causes possibles, ni comme éléments de guérison. Mais, qui sait ce que l'avenir nous réserve comme prochaines découvertes !

Autres considérations sur ce désordre neurologique

- Il apparaît chez les garçons comme chez les filles avant l'âge de 7 ans.

- Il interfère dans le fonctionnement des différentes sphères de la vie, autant à la maison, à l'école que lors des activités récréatives.

- Il peut y avoir une prédominance de l'inattention ou de l'hyperactivité-impulsivité.

- L'allure et l'intensité des manifestations varient selon chaque enfant : autant d'enfants, autant de portraits différents. Il n'y a pas de modèle unique.

- Il est diagnostiqué dans toutes les classes sociales ; il est dépisté chez des enfants de potentiel intellectuel différent.

- Il se transmet de façon héréditaire dans un pourcentage de 50 % des cas ou plus.

- Il affecte 3 à 5 % de la population d'âge scolaire (soit environ 1 à 2 enfants par classe à l'élémentaire).

- Des troubles d'apprentissage surgissent en rapport avec ce phénomène et se manifestent dans 25 % des cas approximativement ; ils causent un retard dans l'intégration de la lecture, de l'écriture, de l'expression orale et des mathématiques.

- Des recherches relatent que ce désordre se poursuit à l'âge adulte dans 50 % des cas environ ; des problèmes d'inattention et d'impulsivité persistent alors, ensemble ou séparément.

- D'autres facteurs peuvent être en cause et compliquer la situation de l'enfant au plan social (stress familiaux et environnementaux), scolaire (problèmes spécifiques d'apprentissage) et psycho-affectif (agressivité, anxiété et éléments dépressifs).

Chapitre 2

Comment apprivoiser l'hyperactivité et le déficit de l'attention chez votre enfant

▼

« À mon plus grand désespoir, Stéphane fait les cent coups depuis l'âge de deux ans : je ne peux ni les prévoir ni les imaginer. Son père, qui sait se faire obéir, me croit trop tolérante. Ma belle-mère m'enjoint de le mettre au pas. Ma mère le gâte et m'invite à lui donner sa chance. La médication du pédiatre est sans effet sur lui. La voisine me suggère des remèdes homéopathiques. La psychologue croit aux vertus de la socialisation. J'ai la conviction de livrer bataille sur plusieurs fronts en même temps... »

Les réactions de l'enfant atteint d'hyperactivité et d'un déficit de l'attention sont le reflet de divers facteurs reliés entre eux. Ceux-ci peuvent interagir au même moment dans une même situation. Pour y faire face, le parent a besoin de variété dans ses moyens d'action. En vue d'ajouter à votre panoplie, je vous propose ici des stratégies éprouvées, c'est-à-dire qui ont de bonnes chances de porter fruit. Si vous les appliquez avec logique et persistance, vous maximiserez vos possibilités d'obtenir des résultats encourageants. En d'autres termes, cela signifie d'aller au bout de votre plan d'action et d'être cohérent dans les valeurs que vous tentez d'inculquer à votre enfant.

DES STRATÉGIES GAGNANTES

Un milieu de vie stable, calme et structuré

L'enfant hyperactif manifeste une grande sensibilité face aux changements et aux stimulations de tout ordre. Il peut réagir avec une intensité accrue devant des événements nouveaux, des lieux inconnus et des personnes étrangères. Ces éléments qui pénètrent son environnement peuvent même avoir un effet perturbateur sur lui. Pour prévenir les réactions excessives, vous devrez apprendre à gérer son comportement avec une vision d'ensemble, c'est-à-dire avec prévoyance et planification. Par votre attitude, vous inviterez votre enfant à rester calme et à prêter attention aux consignes.

Le mot de passe, c'est « encadrement ». Encore et encore. L'enfant hyperactif dispose d'une faible capacité de contrôle interne. Le contrôle doit donc d'abord venir de l'extérieur, plus spécifiquement de ses parents et des adultes de son milieu.

- Offrez-lui un milieu de vie où dérangements, changements et stress sont réduits au minimum.

- Diminuez la présence des éléments qui déclenchent de l'excitation tels que les cris, la cacophonie ou les bruits inutiles (télévision, radio, jeux vidéos).

- Respectez la nécessité d'une routine quotidienne la plus stable possible avec des activités et des tâches prévisibles, des moments et des lieux prédéterminés. Planifiez les attitudes que vous souhaitez qu'il adopte au moment des repas, des travaux scolaires, des loisirs, du coucher. Rappelez-lui le temps qui reste à sa disposition avant de passer d'une occupation à l'autre.

- Prévoyez ses réactions lorsque des changements surviennent dans la routine et planifiez votre intervention.

- Entraînez-le à réagir d'une façon appropriée dans les situations
  - prévisibles (exemples : visite chez le dentiste, arrivée ou changement de gardienne, fête) ;
  - inhabituelles (exemples : modification de l'horaire, des projets, du trajet).
- Anticipez avec lui le déroulement des événements et discutez à l'avance du comportement que vous attendez de lui. Une suggestion : inscrivez dans un calepin les conclusions de votre entente sur ce qui lui sera permis et défendu. Prenons pour exemple la fête d'anniversaire chez son petit cousin.

Oui (ce qu'il pourra faire)

- Jouer avec le chien
- Courir dans la salle de jeu
- Accepter une deuxième portion de dessert

Non (ce qui lui sera interdit)

- Transporter les plus jeunes dans ses bras
- Prendre des bonbons à la poignée
- Sortir la collection d'autos de la chambre de son cousin

Des règles simples, réalistes et cohérentes

Les règles de conduite servent à faciliter l'harmonie dans les relations interpersonnelles, à assurer la santé et la sécurité de chacun, à délimiter les droits et les obligations de tous et à transmettre des principes (le respect de soi et des autres, le partage, la courtoisie, l'honnêteté, la vaillance, l'indulgence, etc.).

Elles sont nécessaires à la qualité de la vie familiale et indispensables à votre jeune car elles tracent des limites qui favorisent le contrôle de soi. Elles servent aussi à prévenir les incidents de parcours.

- Les règles de conduite doivent être très claires afin que votre enfant sache exactement ce que vous attendez de lui. Il pourra ainsi distinguer sans hésitation ce qui lui est permis de ce qui lui est défendu. Il devrait pouvoir vous reformuler ces règles ou les transmettre à quelqu'un d'autre sur demande. Elles doivent être suffisamment précises pour qu'il soit bien informé des conséquences selon qu'il décide d'obéir ou de désobéir.

- Déterminez une quantité limitée de règlements. Ils doivent être adaptés à l'âge et aux capacités de votre enfant (d'après ce que vous en savez).

- Les limites doivent être stables et cohérentes. Elles ne devraient pas être influencées par les variations de votre humeur, de votre stress ou de votre fatigue.

- Répétez-lui les consignes. Pour l'aider à s'en souvenir par lui-même, servez-vous de rappels visuels installés dans des endroits stratégiques: une liste affichée sur le mur de sa chambre ou sur un tableau à effacer, un babillard sur lequel vous posez des pictogrammes, des illustrations ou bien des cercles de couleur autocollants. Ces rappels peuvent demeurer en vue aussi longtemps que chacun en éprouvera le besoin.

- Plutôt que priver votre jeune d'expériences qui correspondent à ses besoins et à ses désirs, amenez-le à les vivre d'une façon acceptable et sécuritaire. Lorsque vous posez une interdiction, suggérez une solution de rechange aussi souvent que possible. Par exemple, il peut planter des clous sur des retailles de bois et non sur le tronc des arbres autour de la maison.

- Le suivi des règlements exige des parents qu'ils fassent équipe, c'est-à-dire qu'ils en arrivent à un consensus et se soutiennent l'un l'autre constamment dans l'exercice de la discipline. Il est essentiel de conjuguer les différences de style de chacun pour éviter les frictions et parer un éventuel sabotage par l'enfant.

- Donnez la priorité aux comportements les plus dérangeants. Ignorez les autres afin d'épargner à votre enfant le sentiment de vous avoir trop souvent sur le dos.

Des demandes en phrases claires et courtes

- La plupart du temps, l'enfant hyperactif ou ayant un déficit de l'attention communique et apprend d'une façon plus visuelle qu'auditive. Alors profitez-en ! Captez et retenez son attention par des expressions gestuelles, des modulations de la voix ou des mimiques.

- Les contacts tactiles fermes sont autant de moyens structurants et calmants : parfois une pression sur les épaules suffit ; ou alors, debout face à lui, sollicitez son regard en lui tenant la figure, les deux mains placées de chaque côté de sa tête ; ou encore, placez-vous entre lui et l'objet qui attire son attention.

- Formulez vos demandes sur un ton affirmatif et positif afin de bien faire comprendre à votre enfant que vous y tenez. Cette manière de dire les choses aura un effet de persuasion sur lui, contrairement à une formulation sous forme de question ou de négation qui ne l'incitera pas vraiment à obéir. Par exemple, comparez l'effet de ces trois formes de discours :

  - *Arrête de jouer avec le téléphone. (phrase affirmative)*

  - *Voudrais-tu arrêter de jouer avec le téléphone?*
    (phrase interrogative)

  - *Ne touche pas au téléphone. (phrase négative)*

- Soyez brefs tout en choisissant un vocabulaire clair et concret : éloignez-vous des longs discours et des paroles superflues qui ne sont pour lui que des propos abstraits et, par conséquent, peu efficaces.

- Il est préférable de vous en tenir à une ou deux demandes à la fois; autrement l'enfant risque d'oublier ou de se sentir confus.

- Accordez-lui un délai (relativement court) avant qu'il ait à vous obéir, à se plier à vos exigences. L'adulte lui-même ne s'exécute pas toujours sur-le-champ. Avisez-le à l'avance du temps que vous lui allouez. Dès qu'il s'y conforme, exprimez-lui votre satisfaction.

Une estime de soi à faire fleurir

L'estime de soi : qu'est-ce que c'est ?

C'est l'opinion qu'on se fait de soi-même. En général, on s'évalue en rapport avec les talents et les lacunes qu'on se reconnaît. L'image que les autres nous renvoient influence aussi notre perception. Et la manière dont nous interprétons leur vision a également un rôle à jouer dans ce processus. Une bonne estime de soi se bâtit à partir d'événements vécus d'une façon satisfaisante et de situations qui procurent un sentiment de sécurité et d'emprise sur la réalité. Par ailleurs, les événements négatifs peuvent avoir des répercussions positives puisqu'ils nous apprennent à nous adapter. L'estime de soi est un processus bien vivant et en constante évolution depuis l'enfance et tout au long de la vie adulte. On l'appelle aussi confiance en soi.

La confiance en soi sert de point d'appui pour :

    – assumer ses responsabilités;
    – affronter les embûches;
    – solutionner ses problèmes;
    – se remettre de ses défaites;
    – faire face à des expériences nouvelles;
    – prendre sa place au sein de son environnement.

La confiance en soi est à la base même de la compétence ; elle permet de relever des défis à sa mesure et de réussir ce qu'on entreprend. Au départ, l'estime que l'enfant a de lui-même est cultivée par ses parents. Par la suite, d'autres personnes significatives telles qu'un grand-parent, un frère, un enseignant ou un entraîneur sportif peuvent contribuer à édifier cette confiance.

Comment faire fleurir les bourgeons d'une image positive ?

L'enfant hyperactif et inattentif développe souvent le sentiment et même la conviction qu'il n'a pas beaucoup de valeur. On l'entend répéter : – *Personne ne m'aime, je suis bon à rien.* Mais si vous apportez une réponse satisfaisante à ses besoins élémentaires, vous pourrez faire grandir et fleurir l'estime qu'il a de lui-même.

Comme tous les autres enfants, l'enfant hyperactif a besoin de :

- se sentir en confiance et en sécurité avec ses parents ;
- être respecté et aimé comme une personne à part entière qui a une identité bien à soi ;
- se connaître puis développer son autonomie avec ses propres ressources et ses propres imperfections ;
- être reconnu et accepté dans sa différence ;
- faire partie de sa communauté (la famille, l'école, les amis) ; avoir une place bien à soi.

En vous inspirant de l'ensemble de la démarche proposée dans ce livre, vous pourrez veiller à ce que ses besoins soient comblés. Et voici quelques stratégies qui ont fait leur preuve.

Mettre l'accent sur les aptitudes

D'un côté, il faut identifier les forces de votre enfant pour favoriser leur développement et, de l'autre, l'aider à pallier ses faiblesses. Ses aptitudes ainsi que ses traits de caractère prometteurs ont besoin d'être reconnus et canalisés pour les faire fructifier.

Pour vous encourager, sachez que le milieu clinique reconnaît de réelles qualités, c'est-à-dire des facettes attirantes, à l'enfant hyperactif affecté d'un déficit de l'attention. Parmi les plus fréquentes, on peut noter : une imagination débordante, de la créativité, de la débrouillardise, une énergie remarquable, la capacité de faire les choses d'une façon originale, la spontanéité, etc. Observez autour de vous : n'y a-t-il pas des exemples d'individus qui présentent ce profil (peut-être, entre autres, certaines personnalités de la scène sportive, artistique ou scientifique)?

Utiliser judicieusement la stratégie-vedette : le renforcement positif

Cette stratégie est considérée comme la méthode la plus efficace auprès de l'enfant hyperactif. L'objectif est de donner du tonus à ses bons coups et à ses conduites appropriées afin qu'il ait le goût de les répéter. Il s'agit donc de le surprendre en train de bien agir et d'en faire un événement d'importance. On lui procure ainsi un soutien vigoureux qui l'incite à continuer. Il faut sauter sur toutes les occasions pour lui dispenser ce renforcement positif : cela peut même représenter un défi si le comportement désirable s'avère minime ou peu fréquent.

Pour obtenir l'effet recherché, il est essentiel de réagir immédiatement après le « bon coup » et ce, par une attitude qui plaît généralement à votre enfant, plus précisément en utilisant des « renforçateurs ». On peut définir ces derniers comme des éléments qui servent à consolider un comportement chez une personne. En voici trois types :

1) les renforçateurs sociaux

- de l'attention verbale : un compliment, un bon mot, une parole d'encouragement. Exemples : *—Bravo, —Je suis fier de toi, —Parfait,—Tu as travaillé fort,—Je trouve ton idée géniale, —Tu y as mis du cœur, etc.*

- de l'attention non-verbale : des gestes d'affection (un clin d'œil, un baiser) ou des mimiques et des signes complices (le pouce ou l'avant-bras levé pour saluer en champion, etc.).

2) les renforçateurs relationnels

- des privilèges et des activités gratifiantes. Exemples : visiter ou recevoir un ami pour la nuit, aller manger à son restaurant préféré, se coucher ou rentrer plus tard, avoir congé d'une tâche habituelle, aller au cinéma ou louer un film.

3) les renforçateurs matériels

- des collections d'objets que l'enfant aime (cartes de héros sportifs ou de personnages de bandes dessinées), des accessoires décoratifs ou des affiches pour sa chambre, de l'argent de poche, un jouet, des revues et des livres, des cassettes audios ou vidéos, des vêtements, etc.

• Prenez soin de toujours assortir le renforçateur matériel ou le privilège d'un renforçateur social. Par exemple, en lui remettant ses cartes de football ou de hockey, faites-lui un grand sourire et rappelez-lui votre contentement par un bref commentaire. Ces petits gestes ont une grande valeur pour consolider l'estime qu'on a de soi et de ses performances.

• Précisez avec le plus d'exactitude possible ce que vous avez apprécié chez votre enfant. Évitez les termes vagues du genre : *—Tu as été gentil au repas.* Dites plutôt : *—Tu es resté assis à la table pendant tout le repas, c'est super !*

- Sachez qu'il faut parfois une généreuse dose de renforcement pour convaincre le jeune de sa valeur. Peu habitué à recevoir une attention encourageante, l'enfant peut chercher à saboter son image positive par un comportement inapproprié. C'est sa façon de dire : *– Regarde je ne suis pas gentil, je ne serai pas capable d'être à la hauteur.* C'est un peu comme s'il cherchait à consolider sa mauvaise estime de soi. Il n'est pas à l'aise avec ce bon côté de lui-même. Il cherche de l'attention négative. Évitez ce piège et persistez sur la voie de l'attention positive.

- Dans cette perspective, veillez autant que possible à ne pas trop le mettre à l'épreuve. Évitez de le placer dans une situation vouée d'avance à l'échec : par exemple, l'amener dans un lieu de recueillement ou de silence (église, hôpital), dans un immense magasin de jouets, dans une boutique de bonbons ou de cadeaux.

- Intégrez ses frères et sœurs dans la démarche de renforcement positif, un rôle qu'ils peuvent jouer occasionnellement à son égard, et dans lequel vous pouvez les valoriser à leur tour.

La construction d'une image positive de soi

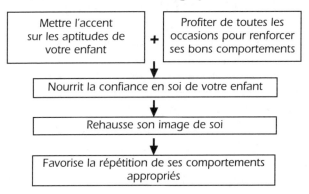

Permettre un sain défoulement du corps et de l'esprit

- Laissez votre enfant explorer et apprivoiser son énergie de manière constructive. Régulièrement, permettez-lui de se laisser aller, de se défouler, d'expérimenter le mouvement, l'espace et les sensations dans un contexte que vous jugez acceptable et sécuritaire. Par exemple, sauter sur place au son d'une musique forte, rouler avec un gros ballon, nager à la piscine aux heures de bain libre, pédaler à un rythme accéléré sur une bicyclette stationnaire. Même les idées excentriques et farfelues ont leur place si elles font du bien. Votre enfant sera soulagé de ne pas avoir à toujours contenir son énergie.

- Vous pouvez aussi aménager un espace spécifique, calmant et réconfortant pour lui : un coin avec des coussins, une lumière tamisée et des animaux en peluche. Il pourra s'y réfugier quand il se sent dépassé, tout enchevêtré dans ses sensations. Le parent a avantage à rester alerte quand ces moments de désorganisation surgissent. En invitant alors votre enfant à reprendre contact avec lui-même, dans une solitude bienfaisante, vous lui apprenez à prendre conscience du trop plein dont il est parfois la victime.

Positionner son enfant comme une personne-ressource pour lui-même

- Tirez parti de la richesse de l'imagination de votre enfant. Placez-le dans un rôle de personne-ressource face à lui-même. Questionnez-le sur la manière de s'y prendre pour améliorer son comportement. A-t-il des suggestions pour se faciliter la vie dans ses tâches et ses activités ?

- Lorsque sa fierté à agir convenablement et à réussir grandit, il peut arriver qu'il vous fasse remarquer ses progrès ou la qualité de ses réactions. Il viendra ainsi à votre rescousse pour vous empêcher de rater une occasion de le féliciter.

Exemple : — *As-tu vu, je suis déjà prêt pour l'école ce matin ; je me suis habillé vite et j'ai déjà brossé mes dents.* Votre enfant devient alors un coéquipier du renforcement positif. Pourquoi pas ?

Créer des moments privilégiés

- Réservez du temps pour vivre des moments plaisants avec votre enfant. Vous garderez ainsi contact avec ses côtés attrayants. Choisissez une activité d'une durée déterminée (par exemple, une période régulière de 15 minutes par jour) au cours de laquelle vous pourrez avoir du plaisir avec lui sans le diriger, ni le disputer. Un moment privilégié, même bref, aide à consolider la relation.

S'encourager

- Prenez soin de votre propre estime de soi en tant que parent. Déterminez un petit nombre comportements à améliorer chez votre jeune. Avancez à petits pas dans la direction que vous aurez choisie. Vouloir aller trop vite, viser des objectifs irréalistes et échouer dans vos tentatives risquerait d'ébranler la confiance que vous avez en vous-même.

Remettre à l'enfant la responsabilité de ses bons coups et de ses mauvais coups

Le jeune hyperactif présentant un déficit de l'attention éprouve une difficulté réelle à associer les causes d'un événement à ses conséquences. D'une part, il ne s'attribue pas facilement du mérite lorsqu'il lui en revient et, de l'autre, il n'est pas toujours conscient de l'effet de ses actions inconvenantes sur autrui. Pour apprendre le sens de ses actes, il a besoin qu'on lui en fasse prendre conscience et qu'on lui souligne, en temps opportun, autant ses bons que ses mauvais coups. De cette façon, il pourra s'approprier la responsabilité de sa conduite.

Il apprendra à se valoriser par des comportements adéquats et à corriger ses actions dérangeantes.

• Comme chacun a sa propre perception de la réalité, il peut arriver qu'il comprenne autre chose que ce que vous voulez dire. Assurez-vous de bien faire saisir à votre enfant ce que vous voulez signaler à son attention. Décrivez en détail ce qui vous a plu ou déplu dans son comportement. Évitez les commentaires de nature trop générale.

Exemple pour renforcer un comportement adéquat :
  – *Tu as été poli et calme chez grand-maman*, plutôt que
  – *Tu as été gentil chez grand-maman*.

Exemple pour dénoncer un comportement inadéquat :
  – *Tu t'es caché entre les comptoirs au magasin*, plutôt que
  – *Tu as été épuisant au magasin*.

• Pour plus d'efficacité, réagissez aussitôt le geste posé. Votre enfant sera ainsi plus en mesure d'établir des liens : il pourra alors soit répéter le bon coup qui lui a valu ce petit velours au cœur ou bien grogner parce qu'il a été réprimandé et qu'il n'a pas le goût de se faire prendre une autre fois. L'impact sera peut-être suffisant pour que, dans des circonstances similaires, il s'en souvienne et agisse différemment.

Dans cette optique, faites-lui vivre de façon très nette les conséquences qui découlent de ses gestes, qu'elles soient positives, négatives, naturelles ou logiques.

Les conséquences positives (les récompenses)

En réaction à une initiative, à un effort, à un progrès ou à une action louable, donnez-lui du renforcement positif. Pour que votre intervention garde toute sa valeur et son authenticité à ses yeux, pensez à varier votre vocabulaire de même que les expressions que vous utilisez. Il a besoin de sentir votre sincérité pour que le charme opère.

Les conséquences négatives (les punitions)

Voici quatre scénarios possibles selon la gravité du geste commis.

- *Premier scénario*
  Retirez votre enfant de la situation qui déclenche le problème et offrez-lui de s'engager dans une autre activité.

- *Deuxième scénario*
  Réprimandez votre enfant sur un ton ferme et impassible.

- *Troisième scénario*
  Le retrait de privilèges : mettez en suspens pour une durée précise une activité ou un objet que votre enfant chérit.

- *Quatrième scénario*
  La mise à l'écart : choisissez un lieu de retraite ennuyeux mais sécuritaire (tel qu'un hall d'entrée, un corridor, une pièce peu garnie ou inoccupée) où rien ni personne ne peut le distraire ou l'aider à passer le temps. Faites-le asseoir sur une chaise ou par terre. Pour la durée de la mise à l'écart, calculez 1 minute par année d'âge (exemple : à 6 ans, 6 minutes) et 2 minutes pour les comportements les plus perturbés. Certains nomment cette mise à l'écart un temps mort. Voici maintenant trois conditions à respecter pour vous assurer de l'efficacité de cette retraite.

  1) En spécifier le motif à votre enfant.

  2) Le compte à rebours s'amorce à partir du moment où il se calme et tient compte des règles à suivre pendant ce retrait. Il doit être tenu à l'écart pendant toute la durée du temps prévu.

3) À l'arrêt du temps mort, votre enfant doit vous résumer ce que vous attendez de lui à partir de ce moment. Assurez-vous d'être réaliste dans vos exigences.

Les conséquences naturelles

L'enfant apprend de ses expériences en se cognant le nez sur la réalité et sur la loi du gros bon sens.

Exemple : il perd sa casquette préférée à force de la laisser traîner partout où il passe. Vous ne devez pas la remplacer immédiatement pour qu'il ressente vraiment les effets de cette privation.

Les conséquences logiques

Elles sont données à la suite du non-respect d'une règle.

Exemple : L'enfant s'excite, dérange et crée du désordre à répétition lors de ses baignades chez votre voisin. Celui-ci finit par lui interdire sa piscine pour plusieurs semaines.

Comme éléments de formation puisés à même la vie courante, les conséquences naturelles et logiques vous donnent un précieux coup de main dans l'éducation de votre jeune.

Choisir d'obéir ou de désobéir

Généralement, un enfant n'est pas porté à obéir lorsqu'on lui demande de fournir un effort ou de faire une tâche ou une activité déplaisante à ses yeux. L'adulte a donc avantage à être astucieux pour se faire obéir. À certains moments le parent peut et doit agir comme un véritable « vendeur d'obéissance ». Et sa « mise en marché » se doit d'être efficace !

La technique la plus naturelle consiste à aviser l'enfant de cesser son comportement inacceptable. S'il n'obéit pas et persévère, il faut alors appliquer immédiatement une conséquence.

Une des tactiques les plus habiles consiste à offrir des choix : celui de vous obéir ou de vous désobéir... avec les résultats qui s'ensuivent. Au cours de cette mise en situation, l'enfant apprend à se servir de son jugement pour prendre sa décision, puis à vivre avec les résultats de son choix. En plus de vous éviter d'argumenter et de répéter, c'est lui qui porte la responsabilité de modifier ou non son comportement.

Le psychologue Harvey C. Parker [1] suggère d'appliquer cette tactique par une phrase du type : «*Tu as le choix! Ou bien tu...* (nommer le comportement attendu de sa part) *ou tu*... (la conséquence que vous appliquerez s'il refuse)».

Exemple : – *Tu as le choix! Ou bien tu vas prendre ta douche tout de suite ou tu vas te coucher sans regarder ton émission de télévision.*

S'il collabore, donnez-lui des signes d'attention positive. Si vous voulez développer son sens logique, soyez logique vous-même.

La discipline à trois doigts

Les situations au potentiel explosif requièrent une prise en main plus vigoureuse. Le Dr. Thomas Phelan [2] met en relief les deux erreurs majeures commises par les parents dans l'escalade de l'agressivité avec leur enfant : TROP PARLER – TROP D'ÉMOTIVITÉ. Ces réactions les font peu à peu glisser dans une trajectoire appelée le syndrome Parler – Persuader – Disputer – Crier – Frapper : l'enfant refuse d'agir comme son parent lui demande, les explications pour lui faire comprendre d'obéir échouent, le ton monte, l'agressivité se pointe et les coups suivent.

---

1 Parker Harvey C. *The ADD hyperactivity workbook for parents, teachers and kids*. Second edition. Plantation : Specialty Press, 1994. p. 62.
2 Phelan Thomas W. *1-2-3 Magic. Effective Discipline for Children 2-12*. Illinois : Child Management Inc., 1995. 175 pages.

Le Dr. Phelan propose l'approche du 1-2-3 pour venir à la rescousse du parent. Il s'agit de briser la montée de la confrontation entre les deux partenaires. Il faut donc imposer une période de repos à l'enfant et ce, après lui avoir donné deux chances. Cette tactique s'applique aux comportements à ARRÊTER tels que crier, insulter, rechigner, se bagarrer, agacer ou faire une crise. Pour les comportements à FAIRE, tels que ranger ses choses, démarrer et terminer sa journée ou faire son travail scolaire, on utilisera les méthodes déjà repérées du renforcement positif. Préalablement à l'utilisation de l'approche 1-2-3, le parent informe son enfant du déroulement de cette nouvelle méthode. Qu'en est-il au juste ?

Par une courte explication, vous demandez à votre jeune d'arrêter ses agissements. S'il n'obéit pas, vous vous adressez à lui sur un ton calme et détaché et vous levez un doigt en disant : « C'est 1 » (premier avertissement). Vous laissez alors une période de silence qui indique à votre enfant que la solution est entre ses mains. S'il persiste, vous comptez avec les doigts : « C'est 2 » (seconde chance de se ressaisir). S'il s'entête, vous continuez de la même façon avec « C'est 3, prends une pause de 5 minutes ». Vous l'amenez alors à se retirer dans sa chambre pour une durée équivalente à 1 minute par année d'âge. Vous le laissez s'occuper avec ses objets personnels, en interdisant toutefois le téléviseur, les jeux à l'ordinateur, les amis ou le téléphone. Lorsqu'il en sort, vous repartez à neuf, aucun mot sur l'incident en question. Deux règles incontournables à suivre pour que ça marche : AUCUNE DISCUSSION – AUCUNE ÉMOTION de votre part.

S'il refuse de se retirer par lui-même, vous le conduisez en lui tenant la main ou encore en le transportant dans vos bras. S'il est trop lourd pour vous, donnez-lui le choix d'obéir en se retirant dans sa chambre tel que demandé ou de désobéir et de subir une autre conséquence négative (une amende ou la perte d'un privilège). S'il s'obstine encore, imposez-lui le second choix. S'il s'entête à argumenter, accordez-vous à vous-même un temps d'arrêt et réfugiez-vous dans une autre pièce ou à l'extérieur de la maison. Si votre enfant présente un comportement exagéré dès le début de la scène, vous comptez « C'est 3 » tout de suite et vous allongez le temps de pause dans sa chambre.

Certains enfants s'adapteront au changement en se conformant rapidement dès que l'approche 1-2-3 fera son apparition. Ils sauront que leur parent est sérieux, alors ils s'éclipseront dès le décompte. Les plus récalcitrants réagiront à la frustration en changeant de tactiques pour obtenir ce qu'ils désirent et en jouant sur le point sensible de l'adulte. Pour gagner et vous faire plier, votre enfant peut vous tester et vous manipuler par le harcèlement, l'intimidation, la menace, le jeu du martyr, la séduction et même les coups physiques. Regardons l'exemple suivant :

Ce matin, Guillaume, 8 ans, est pressé d'aller jouer chez son ami Mathieu.

– *Il est trop tôt, il n'est que 7 h 00, ses parents dorment peut-être encore. Laisse-leur le temps de se lever, tu iras plus tard, vers 9 h 00.*

– *Non maman, mon ami est réveillé, j'en suis sûr. Il m'attend. Je vais lui téléphoner.*

– *C'est 1.*

– *Dis oui maman, je vais aller chez lui tout de suite pour voir ce qu'il fait.*

– *C'est 2.*

– *Tu ne me crois jamais quand je te dis quelque chose. Sa famille se lève de bonne heure, ils sont déjà debout. Je pars même si tu ne veux pas.*

– *C'est 3. Prends une pause de 8 minutes dans ta chambre.*

Guillaume quitte la pièce en poussant un soupir d'irritation.

Goûter à la réussite

Pour que votre enfant se surpasse, pour qu'il développe un sentiment de compétence et qu'il puisse acquérir le sens des responsabilités, fournissez-lui des occasions de vivre des expériences valorisantes et significatives comme :

- exécuter régulièrement une tâche à son goût (prendre soin d'un animal) ;

- pratiquer des loisirs qui l'intéressent (amasser diverses collections, s'initier à l'informatique, aux jeux vidéo, suivre des cours de musique, de langue, etc.) ;

- participer à des activités parascolaires structurées et adaptées à ses goûts et à ses talents. Il peut y faire valoir diverses facettes de lui-même comme, par exemple, sa motricité ou son côté artistique. Il n'est pas astreint, au cours de ces activités, à la dimension intellectuelle, comme à l'école. Les activités sportives et culturelles, individuelles de préférence (au début surtout), sont tout indiquées. Elles permettent à votre enfant d'expérimenter le contrôle de ses émotions et de ses mouvements dans des contextes variés (karaté, natation, soccer, gymnastique, danse, ski, tennis, badminton, patinage sur glace ou à roues alignées, pêche ou randonnée pédestre).

Les activités sociales proposées chez les scouts ou dans les colonies de vacances peuvent aussi lui fournir un cadre attrayant et sécurisant. Les activités motrices sont indispensables à ce type d'enfant et elles peuvent être une source de plaisir et de communication haute en couleurs pour toute la famille.

Un pont pour la communication

Je vous invite à agir comme agent de communication sur deux plans. Premièrement, entre votre enfant et son propre déficit de l'attention ou son hyperactivité et, deuxièmement, entre votre enfant et son entourage. Pour procurer un véritable soutien à votre enfant, vous vous retrouverez souvent dans les rôles de protecteur et d'agent d'information.

Protecteur

De ses droits lorsqu'il se cause du tort à lui-même ou aux autres, lorsqu'il y a injustice ou qu'il endosse trop facilement le rôle de bouc émissaire.

Agent d'information

Pour renseigner votre enfant et lui faire comprendre les diverses caractéristiques et les effets envahissants de cette dysfonction neurologique. Par ailleurs, ses frères et sœurs ainsi que les personnes de son entourage (la parenté, le personnel enseignant, la gardienne, les amis ou les voisins) ont aussi avantage à connaître les particularités de son fonctionnement.

- Les côtés attrayants de votre jeune gagnent à être connus. Alors, faites-les découvrir aux autres. Vous courez ainsi la chance de susciter un préjugé favorable à son égard et d'éveiller leur compréhension, leur tolérance et leur éventuel engagement. Vous devenez en quelque sorte son agent de promotion.

- Les symptômes de votre enfant peuvent nuire à l'ambiance familiale. Les frères et sœurs d'un enfant hyperactif souffrent parfois beaucoup : jalousie, injustices, perte ou bris de leurs objets personnels. Demeurez vigilants et soyez prêts à investir équitablement avec eux. Ils ont besoin de sentir qu'ils ont eux aussi une place, que vous vous intéressez à eux, qu'ils ont droit de parole et qu'ils sont entendus.

La possibilité d'une médication

Il peut devenir nécessaire d'ajouter la prise d'une médication aux autres moyens mis en branle pour aider votre enfant. Il s'agit en quelque sorte d'un accessoire au même titre que les lunettes pour celui qui doit corriger sa vue. La médication agit comme un stimulant du système nerveux central et elle a les propriétés :

– d'augmenter la capacité et la durée de la concentration ;

– d'accroître le contrôle de l'impulsivité, de l'agressivité et de l'agitation corporelle ;

– d'influencer positivement la capacité d'entrer en relation avec les autres.

Pour prescrire une médication, le médecin se base sur les critères suivants :

– la sévérité des symptômes présentés par l'enfant ;

– la confirmation du diagnostic du déficit de l'attention/ hyperactivité ;

– les troubles du comportement à l'école ;

– la présence de problèmes d'apprentissage.

Parmi les médicaments les plus prescrits, on retrouve le méthylphénidate (Ritalin®) et la dextroamphétamine (Dexédrine®). Ils jouissent d'une bonne réputation en ce qui a trait à leur efficacité, leur utilité et la sûreté de leur utilisation. La prescription se limite habituellement aux jours d'école. Toutefois, ils peuvent faire apparaître des effets secondaires variables d'un enfant à l'autre : diminution de l'appétit et du sommeil, larmoiement, douleurs abdominales vagues, maux de tête... Ces effets ne sont pas alarmants puisque la plupart du temps ils sont minimes et passagers ; s'ils persistent, le médecin ajustera la dose ou changera de médication.

Selon les écrits des spécialistes, il semble qu'aucune dépendance à ce type de médicaments ne se développe, ni pendant l'enfance ni à l'âge adulte. En d'autres termes, les recherches actuelles nous indiquent que l'enfant hyperactif ou inattentif qui suit une médication ne serait pas conditionné à la surconsommation de médicaments ou autres drogues.

Les effets bénéfiques et structurants de la médication peuvent apporter des changements sur plusieurs plans. Par exemple, on remarque chez le jeune une augmentation de sa disponibilité et de son intérêt, une amélioration de son travail à l'école – l'écriture par exemple –, de même qu'une meilleure capacité de suivre les règles, de s'organiser et de compléter ce qu'il commence. À mesure qu'il récolte des succès, sa confiance en lui et sa fierté s'accroissent. La frustration qu'il générait auparavant chez ses parents, chez les autres enfants ou les professeurs s'estompe en même temps que ses conduites dérangeantes diminuent. Ce mieux-être ouvre la voie à des échanges plus cordiaux.

La médication doit être accompagnée par d'autres mesures. C'est ce que nous appelons l'approche multimodale qui consiste à aborder la question sous plusieurs angles et à recourir à plus d'un moyen d'action à la fois.

Refaire le plein d'énergie

Éduquer, vivre et survivre, voilà un défi exigeant qui, vécu jour après jour, fait du parent un bon candidat à l'épuisement. Il faut sans cesse avoir des atouts en réserve : une foule de renseignements en tête, une bonne dose d'amour et d'acceptation, un esprit imaginatif, une détermination à toute épreuve ainsi qu'une patience inépuisable. Avoir la flamme pour son enfant, ce n'est pas toujours facile !

Faire face à un telle tâche peut vous vider de votre énergie. Cela vous place alors devant la nécessité de vous reposer, de prendre de la distance, de vous ressourcer en vous accordant du temps pour vous-même. Soyez vigilants et veillez à prendre soin de votre équilibre personnel, à ne pas dépasser vos limites.

Essayez de vous distraire, de vous détendre dans la mesure des possibilités qui vous sont accessibles : garderie, pré-maternelle, lecture, cinéma, sports ou autre loisir.

Un réconfort

N'hésitez pas à recourir au soutien et aux services offerts par les ressources communautaires de votre milieu tels les groupes d'entraide et les associations de parents. Par ailleurs, les équipes professionnelles qui offrent des consultations thérapeutiques peuvent aussi répondre à vos besoins et à ceux de votre enfant.

Des pièges à éviter

Dans votre cheminement avec votre jeune, vous rencontrerez des pièges susceptibles de déclencher en vous comme en lui de la frustration, de la déception ou de l'amertume. Si vous pouvez prévoir ces pièges, vous serez plus à même de les identifier et de les éviter si possible. Voici les plus fréquents :

• Abuser des répétitions en vous disant que votre enfant finira bien par comprendre qu'il doit obéir. Vous capterez bien plus son attention par les mouvements et les expressions de votre visage et de votre corps que par vos paroles. Comme il communique davantage par le langage non-verbal, vos paroles peuvent résonner en lui comme une langue étrangère qu'il ne comprend pas et qui, par conséquent, ne le rejoint pas.

- Argumenter : l'enfant ne s'en lassera pas (tout au contraire du parent !).

- Ridiculiser et humilier : les mots et les gestes blessants dictés par la colère et l'impatience sont à exclure. Exemples :
  - *Que tu es donc stupide!*
  - Pousser brusquement l'enfant, en soupirant devant sa maladresse.

- Appliquer les règlements et les conséquences négatives de façon inconsistante : il faut choisir les punitions en gardant à l'esprit d'aller jusqu'au bout et s'abstenir de lancer des menaces en l'air.

- Provoquer toute forme d'escalade vers la confrontation.

- Privilégier la punition pour modifier un comportement : il faut se souvenir qu'une attention négative maintient un comportement négatif. Il est facile de tomber dans ce piège.

- Se blâmer soi-même et entretenir de la culpabilité.

- Manquer de contrôle sur ses émotions (harceler, critiquer, se mettre en colère) car le parent sert de modèle pour enseigner le contrôle de soi à son enfant

- Prodiguer des touchers légers et rapides (chatouillements ou pincements): ils peuvent agir sur le corps de l'enfant comme une agression s'il ne les aime pas. Évitez de favoriser sa désorganisation, son inconfort physique.

- Aller au-delà de ses forces, physiquement et moralement : préservez la dose d'énergie dont vous avez besoin pour vous occuper de votre jeune. Évitez de vous laisser entraîner jusqu'à l'épuisement de vos forces. Planifiez des périodes régulières de repos et de ressourcement et assurez-vous d'obtenir le soutien des personnes qui sont importantes pour vous.

CHAPITRE 3

VIVRE AU QUOTIDIEN AVEC VOTRE ENFANT

▼

DE 3 À 5 ANS

La libération et le contrôle de l'énergie

L'enfant hyperactif et inattentif de 3 à 5 ans déborde souvent d'énergie ; un rien le stimule. Inépuisable, il épuise tout le monde. Pas moyen d'y échapper : il vous faut prendre le temps et les moyens de canaliser cette énergie, d'en contrôler les excès avec le plus de patience et de créativité possibles. Pour tout dire, si vous n'occupez pas votre enfant d'une façon constructive, votre enfant, lui, vous tiendra occupé !

- Ayez recours à des activités motrices et sensorielles appropriées pour son âge : la tournée des parcs disposant d'équipements de jeu, de la bicyclette, de la baignade, de la course, des sauts à la trampoline, une activité musicale de détente, un bain, un conte, une sieste. À vous d'en faire un usage abondant !

- Gardez à l'esprit que la gestion de l'espace et du temps est difficile pour lui. Par les temps froids ou pluvieux, prévoyez, si possible, une pièce dans laquelle il pourra jouer à son goût, crier, sauter, exploser sans trop déranger et avec un minimum de restrictions. S'il est confiné à un espace clos, tournez-le vers des jeux captivants et paisibles (ordinateur ou peinture). Pour l'aider à reprendre son calme, offrez-lui de se réfugier sur une chaise berceuse et d'écouter les mélodies de sa boîte musicale. Invitez-le à se retirer dans sa chambre pour entendre, sur son baladeur, une histoire qui aura été enregistrée par un membre de la famille ; ce truc peut aussi servir à l'apaiser dans l'agitation des repas. Dans la même veine, on peut délimiter son espace à table en plaçant un napperon bien à lui sous son assiette.

- Choisissez pour lui des jouets variés et solides qui favorisent l'attention et l'imagination. Éliminez ceux qui sont excitants, trop rudes ou susceptibles de provoquer une désorganisation. Pour entretenir son plaisir et prévenir la monotonie, profitez de la rotation que peut vous offrir une joujouthèque.

- Organisez des cycles. Les activités et les apprentissages de la vie courante doivent commencer, se poursuivre et se terminer ; en d'autres termes, avoir un début, un milieu et une fin. Inculquez-lui l'habitude de compléter une situation avant de s'engager dans une autre : par exemple, s'amuser avec un jeu à la fois, finir de s'habiller pour ensuite jouer avec ses autos, etc.

- Prévenez la fatigue, qui a comme effet de rendre l'enfant plus agité.

- Prévoyez les transitions. L'enfant a parfois du mal à s'adapter au déroulement d'une activité, à son arrêt ou au passage à une autre. Préparez-le à s'adapter à ce qu'on appelle une transition en l'informant à l'avance (comme lors d'un jeu à terminer, la fin d'une période de télévision ou la séparation d'avec un ami). Par exemple : – *Encore quinze minutes à jouer à la balle avec ton ami puis tu vas rentrer pour dîner.*

L'école des petits amis

Pour réussir à socialiser, tout enfant doit apprendre trois notions de base : partager, suivre les règles du jeu et attendre son tour. La fréquentation d'une garderie ou encore d'une pré-maternelle stimule l'acquisition de ces aptitudes chez votre enfant et lui donne l'occasion de les mettre en pratique à l'extérieur de sa famille. Ces notions de base constituent un prérequis à la maternelle.

L'attention, ça se pratique

À l'âge préscolaire, on peut entraîner l'enfant, dans une certaine mesure, à développer la qualité et la durée de sa concentration. Cela veut dire lui montrer à observer et à écouter. Pour y parvenir, prévoyez de brèves périodes au cours desquelles il pourra exercer son attention sur des tâches ou des jeux que vous lui demanderez de faire. Commencez par des livres d'images et progressez graduellement vers des livres où il y a un peu plus de texte ou des cahiers à colorier, puis enchaînez avec des jeux plus compliqués tels que des blocs de construction, des jeux de cartes, des jeux de société. Rappelez-vous de réagir par des expressions de joie et des caresses lorsque votre enfant réussit à maintenir sa concentration.

Retenez qu'en général, la durée de la concentration d'un enfant qui n'est pas affecté d'un déficit de l'attention ou d'hyperactivité correspond à approximativement cinq (5) fois son âge. Ainsi, l'enfant de 2 ans peut se plaire dans le même jeu pendant dix (10) minutes et celui de 4 ans, pendant vingt (20) minutes environ. La durée de la concentration d'un enfant ayant un déficit attentionnel est variable.

Les sorties en public, y aller avec prudence

Tout endroit où il y a une multitude d'activités et d'attractions et où la foule est nombreuse (magasins, épiceries, restaurants, parcs d'amusement, fêtes) offre autant de stimuli auxquels l'enfant ne peut résister. Rappelez-vous que le fait de se sentir bombardé sur le plan sensoriel présente un risque pour lui. Cela peut l'amener à réagir exagérément (se désorganiser ou se couper du monde en allant se cacher). Son hyperactivité peut être déplacée et embarrassante autant pour vous que pour votre entourage.

Attendez qu'il développe un meilleur contrôle de lui-même à la maison avant de l'intégrer progressivement à des situations en public.

Dans les circonstances où vous devez absolument l'amener avec vous, faites-vous accompagner si possible d'une autre personne (un adulte, un grand frère ou un grand-parent). Ce soutien pourrait vous donner le coup de main nécessaire pour faire de cette expérience une réussite.

Vous pouvez aussi le préparer à cette sortie en lui dressant le scénario de chacun des moments à venir et en lui spécifiant ce que vous voulez qu'il fasse. S'il devient surexcité malgré tout, obligez-le à un temps d'arrêt afin qu'il puisse se ressaisir (dans un coin discret ou dans l'auto) et se rappeler vos consignes. Vous pouvez également raccourcir la durée de la sortie.

Ou alors, vous pouvez faire miroiter une récompense qui servira de motivation : par exemple, un arrêt à l'animalerie après les emplettes au centre commercial. Pour les moments où il devra être patient (au restaurant, en voiture), équipez-le de menus articles amusants adaptés à son âge (autos, petits bonshommes, jeux de poche électroniques, crayons, etc.).

De 6 à 12 ans

S'organiser pour lui apprendre à s'organiser

La routine à la maison

Savoir s'organiser par soi-même ne fait habituellement pas partie des aptitudes innées du jeune hyperactif ou ayant un déficit de l'attention. Il peut cependant acquérir cette capacité, sous votre influence bienveillante. Vous pouvez aménager peu à peu les habitudes de toute la maisonnée de manière à lui faciliter l'apprentissage de l'organisation.

Pour l'aider à se souvenir des tâches qu'il doit accomplir

Vous pouvez installer des rappels visuels dans les lieux de la maison qu'il fréquente le plus. Dressez des listes qu'il peut lire en un coup d'œil : enjolivez-les avec des pictogrammes ou des mots-clés. Placez des cercles autocollants de couleur, chacun ayant son symbole et lui rappelant le détail des opérations à effectuer.

Pour exécuter une tâche

Avant de l'entreprendre, planifiez-la avec lui : dites-lui ce qui est à réaliser et comment y arriver. Vous pouvez débuter cette mise en train par des phrases telles que : – *Observe ce qui est devant toi et dis-moi ce que tu vas faire.*

Divisez-lui le travail en portions, en étapes, en périodes de temps. Grâce cette astuce, vous lui évitez de se laisser impressionner par l'ampleur ou la durée de la tâche. Il sera moins tenté de démissionner en cours de route ou avant même de s'y attaquer. De petites quantités à la fois le motiveront plutôt que le décourager. Exemple : pour ranger dans le garage les jouets qui traînent sur la pelouse, faites-le commencer par les gros morceaux, laissez-lui quelques instants de répit, puis demandez-lui de s'occuper des jouets de petit format.

Pour l'aider à retrouver ses articles personnels

Pour lui épargner de les chercher, de les éparpiller ou de les perdre, déterminez des endroits précis et stables pour leur rangement. Exemple : ses bottes sous le banc dans le hall d'entrée, son ballon dans le panier au vestiaire, etc. Profitez des occasions qui s'offrent à vous pour pratiquer avec lui des rituels de gestion du temps et de l'espace : par exemple, lorsque vous revenez à la maison ensemble, suspendez tous les deux vos manteaux au même endroit. Vous pouvez l'amener à développer une autre tactique, celle de ne faire qu'une chose à la fois. Exemple : avant de partir pour l'école, le sac à dos sur les épaules, il vérifie la liste des objets dont il a besoin.

Dans la maison, enlevez de son champ d'action les articles qui ne lui sont pas indispensables (bibelots, documents, etc.).

La vie scolaire

Le déficit attentionnel dont souffre votre jeune peut lui causer de la difficulté à organiser son travail, à se mettre à l'ouvrage et à se concentrer. Votre jeune a besoin de l'assistance des adultes pour y parvenir. Il dépense beaucoup d'énergie à suivre les exigences du milieu scolaire ; il doit vivre avec la critique, avec ses échecs, ses déceptions. Ces difficultés peuvent miner sa motivation. Il peut en venir à se sentir à part des autres et même à se croire moins intelligent. Cela risque de le décourager et de diminuer son désir d'apprendre.

- Il devient donc nécessaire de le guider dans ses matières scolaires vers des expériences gratifiantes, afin qu'il prenne conscience de ses talents, de sa capacité d'offrir un bon rendement. Ainsi, il pourra faire grandir en lui un sentiment de fierté légitime. Le développement d'une image plus positive de lui-même va diminuer sa peur de l'échec.

- S'il étudie bien et s'applique dans ses travaux et ses examens, montrez-vous flexible et tolérant sur certains aspects moins importants de son travail (calligraphie, présentation des devoirs et des projets). Son désordre neurologique peut limiter la qualité de ses performances. Tenez compte plutôt de son effort à bien travailler. Devant l'amélioration de ses résultats scolaires et de son comportement, manifestez-lui votre contentement d'une manière chaleureuse et expressive.

- Choisissez avec lui le moment le plus propice pour faire ses devoirs et leçons. Une période d'activité physique intense peut le détendre après une journée passée à l'école et lui redonner de l'énergie avant de s'y attaquer. Vous pouvez entrecouper à leur tour ces périodes de travail de quelques pauses pour relaxer, bouger, prendre une collation.

- Identifiez avec lui l'ambiance qui correspond le mieux à ses besoins et dans laquelle il se sentira le plus efficace. Certains jeunes parviennent à travailler dans le bruit alors que d'autres ont besoin de silence; certains exigent la présence de l'adulte, d'autres travaillent mieux seuls. Délimitez un espace où vous pouvez le superviser : le pupitre dans sa chambre, le coin ordinateur, la salle de séjour, la table de cuisine.

- Pour prévenir ses moments d'inattention, réduisez au minimum tout ce qui peut le distraire de ses devoirs et leçons.

- Mettez à sa disposition seulement ce qui est nécessaire (exemple : un cahier à la fois) aussi longtemps que votre jeune aura besoin de cette procédure pour apprendre à s'organiser lui-même. Utilisez le principe de la division de la tâche en portions. Pourquoi ne pas soutenir sa motivation en lui proposant l'emploi de l'ordinateur ?

- Votre enfant a peut-être besoin d'activer une partie de son corps pour maintenir son attention et rester éveillé : balancer une jambe, tripoter une balle spongieuse ou mâcher de la gomme. N'hésitez pas à lui permettre de bouger dans la mesure où il reste dans le cadre de travail dont vous avez convenu avec lui.

- Pour l'apaiser et le couper des bruits stimulants, proposez-lui un baladeur qui diffuse de la musique calmante (du genre nouvel âge ou flûte de pan) ou des sons de la nature.

- Peut-être aurez-vous besoin de vous libérer de la tension que la période des devoirs et des leçons vous fait ressentir... Peut-être voudrez-vous préserver votre vitalité et votre disponibilité pour assurer vos autres responsabilités. Alors, il existe une alternative : celle de déléguer à quelqu'un d'autre la supervision des devoirs et des leçons (l'autre parent, une personne-ressource, un groupe d'aide aux devoirs ou un étudiant plus âgé). Il est cependant primordial que vous restiez au courant de son évolution scolaire.

Maintenir des relations harmonieuses avec l'école

La coopération et la concertation entre tous les adultes qui gravitent autour de l'enfant s'avèrent essentielles à bien des points de vue. Elles brisent le sentiment d'isolement et favorisent la compréhension ainsi que le soutien mutuel entre ceux qui se butent aux écueils de ce syndrome. Établir une cohérence et maintenir les mêmes exigences aussi bien à l'école qu'à la maison fournit au jeune l'encadrement nécessaire à son bon fonctionnement. Dans cette optique, il vaut la peine, au début de chaque année scolaire, d'expliquer le syndrome et les besoins de votre enfant à son nouvel enseignant.

Suivre étroitement l'évolution de votre jeune en classe vous permet de réajuster votre approche au besoin. Votre soutien

l'aide à remplir adéquatement ses obligations d'élève. Établissez un circuit de communication entre les différents intervenants qui s'occupent de lui. L'agenda scolaire peut en être l'instrument idéal. Vous y consignerez toutes les coordonnées pertinentes, les rendez-vous et les diverses tâches à remplir. Une fiche de communication quotidienne à crocheter rapidement en fin de journée pourrait aussi convenir.

Le comportement avec les camarades

Le comportement social de l'enfant hyperactif se caractérise souvent par un manque de réflexion, de conscience de soi et de sensibilité aux autres. Il agit parfois comme s'il était plus jeune que son âge et ne se rend pas compte de l'effet qu'il produit sur son entourage. Par conséquent, il peut éprouver de la difficulté à se faire des amis et à entretenir des relations cordiales avec eux.

• Pour favoriser son évolution sur le plan des habiletés sociales, organisez-lui des activités variées, d'une durée limitée, en compagnie d'un seul enfant à la fois. Choisissez, si possible, un enfant dont vous connaissez la souplesse et la flexibilité. Par l'observation attentive de cette mise en situation, vous pourrez encourager ou remodeler au fur et à mesure les interactions de votre jeune avec ce camarade pour en faire une réussite à reproduire plus tard avec un deuxième copain ou deux copains à la fois.

CHAPITRE 4

COMMENT ABORDER L'ADOLESCENT

▼

« *Au secondaire, en classe spéciale, Alexandre récolte des bulletins acceptables, un phénomène nouveau pour lui. Sa difficulté à apprendre et son inattention lui nuisent depuis le début de sa vie scolaire. À l'occasion, il gagne un prix qui souligne son respect des gens et des règlements ; cela le change des réprimandes. Ses progrès demeurent fragiles ; il a besoin d'un suivi serré.*

Dans notre famille, la discipline et la communication tournent souvent à l'affrontement. Certains jours, Alexandre use d'amabilité et de serviabilité pour obtenir les privilèges auxquels il tient à tout prix. Comme parent, je m'attendais à ce qu'il se prenne en main à l'adolescence. Bien au contraire, je dois encore le suivre à la trace. Je m'inquiète de sa capacité à bien mener sa vie d'adulte plus tard. »

Le parent d'Alexandre fait face à deux phénomènes qui cohabitent en même temps chez son enfant et qui sont parfois difficiles à distinguer l'un de l'autre : l'adolescence et le syndrome du déficit de l'attention/hyperactivité qui suit son cours.

L'adolescence est une période de transition entre l'enfance et l'âge adulte. Elle se caractérise par une transformation accélérée sur cinq plans :

- le corps : l'adolescent se préoccupe de son image et apprend à vivre avec son corps en mutation ;

– les émotions : variation rapide de l'humeur, intérêt pour les sensations fortes, apprentissage d'émotions nouvelles ;

– la façon de percevoir la vie et autrui : l'adolescent prend conscience des lacunes de ses parents dont il ne percevait que les points forts auparavant. Chaque partie a un deuil à vivre : le parent perd une partie de son prestige aux yeux de son enfant et l'adolescent doit abandonner l'image du parent parfait ;

– les habiletés intellectuelles : l'adolescent apprend à jongler avec les idées, une gymnastique plaisante et nouvelle ;

– les relations sociales : le jeune veut se différencier de ses parents pour bâtir sa propre identité et créer des liens privilégiés avec des amis.

On voit ainsi apparaître trois dimensions saines, normales et incontournables : le passage de la dépendance à l'indépendance, la recherche d'une identité bien à soi et le besoin d'intimité. À toutes ces modifications s'ajoutent des défis exigeants : d'une part, l'apprentissage de la relation affective avec le sexe opposé et la présence de la pulsion sexuelle ; d'autre part, la complexité des études et les préoccupations par rapport à l'avenir.

Le défi est plus grand pour le jeune atteint du désordre neurologique en raison de l'inattention et de l'impulsivité qui persistent dans la grande majorité des cas (70 à 80 %). L'agitation motrice qui le caractérisait durant l'enfance diminue, comme chez tout autre jeune d'ailleurs. Mais la persistance des autres symptômes peut court-circuiter sa marche vers la réalisation de soi. Il manifeste alors de l'immaturité et une faible estime de soi. Son rendement scolaire fluctue et des accrocs surgissent dans ses relations interpersonnelles. La distraction et l'impulsivité continuent leur effet sournois ; elles peuvent

lui créer des embûches dans l'organisation de son temps, de ses activités et dans ses relations avec son milieu.

Par ailleurs, l'adolescent continue d'avoir besoin de l'attention, de la compréhension, de la confiance et de l'amour de ses parents. Ces derniers doivent cependant modifier leur manière d'interagir avec lui. Ils vont graduellement lui déléguer des responsabilités, des tâches et des prises de décision. Cette évolution peut susciter diverses incertitudes, des inquiétudes et des peurs. En période de stress, les parents peuvent trouver un certain réconfort en se rappelant que leur adolescent apprend tout autant de ses échecs que de ses réussites.

Pour vous orienter dans cette phase de transition, je vous propose la ligne directrice suivante : conjuguer le doigté et la fermeté en utilisant des stratégies gagnantes et en évitant les faux pas.

DES STRATÉGIES GAGNANTES

Maintenir la communication

Votre adolescent a besoin de s'affirmer, de se sentir écouté et apprécié. Pour répondre à ces pulsions toutes naturelles :

• *Gardez le contact* en entretenant une relation chaleureuse. Mettez-y la même considération que celle que vous souhaitez recevoir de votre adolescent. L'affection contrebalance souvent pour les conflits qui surviennent périodiquement. Adressez-vous à lui dans un style interactif : un mot d'encouragement, un brin d'humour, un clin d'oeil, des gestes et des signes complices, des rires.

• *Intéressez-vous à lui* : souvenez-vous que l'ensemble de vos comportements l'informe et témoigne de la considération que vous avez pour lui. S'il se sent accepté, il se sentira aimé. Il a besoin que ses parents le reconnaissent en tant que personne à part entière.

- *Discutez avec lui* de ce qui l'intéresse le plus dans sa vie, ses occupations, ses sentiments, ses opinions : par exemple, sa musique favorite, ses sports, l'école, ses amis. Ces derniers jouent un rôle de premier plan dans le passage pas toujours facile de la dépendance à l'autonomie de l'âge adulte.

- *Soyez à son écoute*
  - Je vous invite à reconnaître et à essayer d'accepter qu'il soit différent de vous.
  - Prenez le temps de découvrir ce qui se cache sous ses mots et ses comportements. Il a parfois besoin de se raconter, de ressasser ses émotions, de se sentir épaulé.
  - Respectez son besoin de préserver l'intimité de son corps, de ses sentiments, de ses relations sociales.
  - Prenez conscience de la place qu'occupent ses amis dans son existence. Pensez à adapter l'intérieur de votre maison pour le rendre invitant, pour qu'ils s'y sentent les bienvenus.

- *La magie des messages formulés au « Je »*

  Les messages au « Je » permettent de :
  - valoriser les conduites appropriées de votre adolescent ;
  - gérer les conflits avec tact ;
  - vous faire connaître de lui.

Parlez de vous en utilisant le « Je ». Formulez vos commentaires en trois segments distincts : d'abord vous décrivez le comportement de votre adolescent, ensuite vous exprimez vos sentiments, puis vous exposez les conséquences que son comportement a sur vous et sur votre entourage.

Exemple de message destiné à le valoriser : —*Tu m'as aidé à ramasser les feuilles sur le terrain et j'en suis très content car j'ai eu le temps de finir toutes mes tâches dans la même journée.*

Exemple de message destiné à le responsabiliser : —*Tu as laissé traîner tes patins à roues alignées devant la porte d'entrée; je suis fâché parce que ta sœur s'est fait mal en tombant.*

Exemple de message destiné à vous faire connaître : vous fournissez alors à votre adolescent un modèle d'action ou de pensée. Vous lui faites découvrir une facette de vous-même par une anecdote, une opinion, un récit d'aventure : —*Lorsque j'avais ton âge, moi aussi je raffolais des films d'horreur.*

Consolider l'image de soi

Durant cette phase active de croissance que constitue l'adolescence, le jeune se préoccupe grandement de l'image qu'il projette sur autrui. Son estime de soi devient vulnérable. Cela est d'autant plus vrai pour l'adolescent atteint d'un déficit de l'attention et d'hyperactivité, car son image de soi a été écorchée pendant des années. On ne se surprendra pas que sa confiance puisse être ébranlée.

- Enseignez-lui les comportements qui sont gage de réussite pour un jeune atteint de ce syndrome :

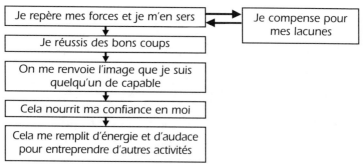

- Acceptez que votre adolescent vous fasse profiter de la richesse de ses connaissances et de ses expériences.

- Planifiez de passer des moments agréables avec lui ; le temps que vous lui consacrez a du poids pour lui. Entretenez les liens en partageant des activités et des expériences plaisantes pour tous les deux.

Une alliée : l'autonomie

- Pour qu'il gagne de l'adresse, du contrôle, de l'assurance et de la compétence, fournissez-lui des occasions de remplir des obligations, de faire des choix et de solutionner ses problèmes. Préparez-le aux bénéfices qu'il peut en retirer.

- Accordez-lui des libertés nouvelles en proportion égale avec sa capacité de gérer ses nouvelles responsabilités. Pour en arriver à un compromis équitable pour vous comme pour lui, négociez avec lui les règles à suivre ainsi que les conséquences qui leur sont assorties.

Relâcher

- Contrairement à l'époque où votre enfant était petit, il vous faut maintenant apprendre à le laisser aller. La pulsion inévitable vers l'autonomie s'apparente à l'envol en douceur de la montgolfière : dès qu'elle a commencé à quitter le sol, on ne peut plus la retenir. Et le pilote peut prendre une direction différente de celle que le spectateur choisirait, tout comme l'adolescent par rapport à ses parents.

Faire place à l'erreur

- À certains moments, vous vous percevez sans doute comme le spectateur avisé des expériences parfois gauches et malencontreuses de votre adolescent. Il peut vous arriver aussi de vous sentir bien inutile. C'est compréhensible ; votre adolescent doit expérimenter par lui-même pour continuer à grandir.

Les parents doivent se retirer peu à peu pour que leur enfant se prenne en main et gagne son indépendance. Faites une place à l'erreur en reconnaissant que c'est là, pour lui, une occasion d'apprendre, de se construire : aidez-le à en tirer des conclusions utiles. D'autre part, ne vous surprenez pas si les craintes et la déception vous envahissent tout au long de cette période de transition ; elles font partie de la transformation.

La continuité dans les moyens

Cela veut dire veiller et croire à la continuité de tout ce qui a été bâti jusqu'à date et savourer ce qui est acquis. Pour apprendre à gérer sa vie lui-même, votre adolescent doit être informé des atouts et des embûches que le syndrome lui réserve. Bien préparé, il sera plus réceptif et vigilant. Il deviendra apte à remplir la mission que vous lui déléguerez graduellement, celle d'agir comme son propre défenseur.

Tactiques pour pallier son inattention

• Superviser l'organisation de ses affaires à la maison et à l'école : établir des gestes répétitifs pour ranger et retrouver les articles divers (clés, livres, argent) ; mettre en place des routines, des calendriers, de la planification pour l'aider à tenir ses engagements (un tournoi, une visite à un ami).

• Diviser avec lui ses occupations (lecture, étude, corvées, etc.) en petites sections ou en périodes de temps :

Tactiques pour favoriser ses habiletés dans les relations sociales et l'aider à se faire des amis

• Lui apprendre à regarder, à écouter, à s'intéresser aux autres lorsqu'ils parlent (plutôt que d'interrompre, de trop parler ou de fuir des yeux).

• L'amener à fréquenter des gens sains.

Les bienfaits d'une médication

Dans des cas spécifiques, qui font l'objet d'un suivi médical, la prise d'une médication bien dosée peut se poursuivre de l'enfance à l'adolescence et jusqu'à l'âge adulte. De nombreux adolescents refusent de la prendre pour des motifs et des préoccupations dont il faut tenir compte. Une relation de confiance et de collaboration avec le médecin peut amener le jeune à percevoir les avantages qu'il peut en retirer.

DES FAUX PAS À ÉVITER

- Empêcher son adolescent de prendre son envol vers l'autonomie : exercer un contrôle trop sévère, le surprotéger, lui éviter de commettre des erreurs, trahir sa confiance, etc.

- Ridiculiser son adolescent et tout ce qui lui tient à cœur, les personnes tout autant que les choses : ses amis, sa tenue vestimentaire, ses idoles, etc. Humilier et réprimander son adolescent devant ses amis ou en public.

- Ramener sur le tapis les erreurs, les échecs et les incidents du passé.

- Le punir en lui retirant des privilèges qui le valorisent ou le touchent dans son autonomie : lui interdire des activités dans lesquelles il exerce ses talents, gagne de l'argent ou se montre motivé.

- Se mêler de ses affaires personnelles sans justification.

- Le comparer aux autres jeunes qui ne sont pas affectés d'inattention/hyperactivité.

À noter : Les pièges qu'il fallait déjà éviter avec l'enfant sont encore bien présents maintenant qu'il a atteint l'âge de l'adolescence.

En terminant

▼

Pour l'enfant ou pour l'adolescent atteint d'un syndrome du déficit de l'attention/hyperactivité, le fait de se sentir accepté, guidé, soutenu par une personne importante à ses yeux l'encourage à se dépasser et à pousser plus loin le développement de son potentiel. Ressentir profondément que ses parents croient en lui multiplie ses chances de réussir.

Les recherches démontrent que la grande majorité des enfants hyperactifs évoluent d'une façon positive à l'âge adulte. Parmi les facteurs favorables, on compte : un environnement familial sain et sécurisant, la capacité de l'enfant de créer des liens constructifs avec son entourage, la reconnaissance de ses talents réels, le dynamisme du milieu scolaire et l'accessibilité à des ressources variées. Voilà une constatation qui devrait vous motiver quand vous avez parfois le goût de tout abandonner. Elle vous invite à persister... même quand les résultats semblent minces.

Gardez en mémoire cette image d'un parent assis dans une embarcation secouée par les flots, sur un vaste plan d'eau. Il peut choisir de se laisser ballotter tout en espérant que les vagues le conduisent quelque part. Mieux encore, il peut choisir d'avironner et d'avancer vers la berge.

Puissent les stratégies suggérées dans ce guide vous servir de boussole ! J'espère de tout coeur que vous naviguerez avec confiance et que vous mènerez votre barque à bon port.

Ressources

Livres

Les titres des volumes indiqués par un astérisque (*) sont particulièrement recommandés aux parents.

*ALEXANDER-ROBERTS, COLLEEN. *ADHD and teens: a parents's guide to making through the tough years.* Dallas: Taylor Publishing Company, 1995. 199 p.

BARKLEY, RUSSELL A. *The hyperactive children: a handbook for diagnosis and treatment.* New York: Guilford Press, 1981. 458 p.

BARKLEY, RUSSELL A. *Defiant children: a clinician's manual for parent training.* New York: Guilford Press, 1987. 2 v.

*BÉLANGER, ROBERT. *Vinaigre ou miel: comment éduquer son enfant.* Lambton (Québec): Éditions Robert Bélanger, 1986. 354 p.

*BÉLANGER, ROBERT. *Parents en perte d'autorité.* Lambton (Québec): Éditions Robert Bélanger, 1987. 143 p.

*BÉLANGER, ROBERT. *Parents d'adolescents.* Lambton (Québec): Éditions Robert Bélanger, 1989. 317 p.

*BENOIT, JOE-ANN. *Le défi de la discipline familiale.* Outremont: Quebecor, 1997. 221 p.

*BETTELHEIM, BRUNO. *Pour être des parents acceptables.* Paris: Laffont, 1988. 400 p.

*COMPERNOLLE, THÉO. *Du calme! Manuel pour l'éducation des enfants hyperactifs.* Bruxelles: De Boeck & Belin, 1997. 159 p.

CÔTÉ, ANDRÉ. *Formation à l'efficacité parentale pour parent d'adolescent : cahier du parent.* Valleyfield: CLSC Seigneurie de Beauharnois, 1996. 212 p.

* DELAGRAVE, MICHEL. *Les ados : mode d'emploi pour les parents.* Beauport : Publications MNH, 1995. 96 p.

* DESJARDINS, CLAUDE. *Ces enfants qui bougent trop ! Déficit d'attention-hyperactivité chez l'enfant.* Montréal : Quebecor, 1992. 201 p.

* DODSON, FITZHUGH. *Aimer sans tout permettre : le meilleur apprentissage de la discipline.* Paris : Laffont, 1979. 352 p.

DUBÉ, ROBERT. *Hyperactivité et déficit d'attention chez l'enfant.* Boucherville : Gaëtan Morin Éditeur, 1992. 182 p.

* DUCLOS, GERMAIN ET DANIELLE LAPORTE. *Du côté des enfants, vol. 2.* Montréal : Hôpital Sainte-Justine, Magazine Enfants, 1992. 268 p.

* DUCLOS, GERMAIN, DANIELLE LAPORTE ET JACQUES ROSS. *L'estime de soi de nos adolescents : guide pratique à l'intention des parents.* Montréal : Hôpital Sainte-Justine, 1995. 176 p.

* DUCLOS, GERMAIN, DANIELLE LAPORTE ET JACQUES ROSS. *Besoins, défis et aspirations des adolescents : vivre en harmonie avec les jeunes de 12 à 20 ans.* St-Lambert : Les éditions Héritage, 1995. 412 p.

* FALARDEAU, GUY. *Les enfants hyperactifs et lunatiques.* Montréal : Le Jour, Éditeur, 1997. 215 p.

* FOWLER, MARY CAHILL. *Maybe you know my kid: a parent's guide to identifying, understanding and helping your child with attention-deficit/hyperactivity disorder.* New York : Birch Lane Press Book, 1994. 239 p.

FRIEDMAN RONALD J ET GUY T. DOYAL. *Attention deficit disorder and hyperactivity.* Illinois : The Interstate Printers S. Publishers, 1987. 118 p.

GAGNÉ, PIERRE-PAUL. *L'hyperactivité : problématique et stratégies d'intervention.* Montréal : Conseil québécois pour l'enfance et la jeunesse, 1988. 89 p.

GORDON, THOMAS. *Comment apprendre l'autodiscipline aux enfants : éduquer sans punir.* Montréal : Le Jour Éditeur, 1990. 254 p.

*HALLOWELL, EDWARD M ET JOHN J RATEY. *Driven to distraction : recognizing and coping with attention deficit disorder from childhood through adulthood.* New York : First Touchstone Edition, 1995. 319 p.

*HALLOWELL, EDWARD M ET JOHN J RATEY. *Answers to distraction.* New York : Publishing History, 1996. 334 p.

*INGERSOLL, BARBARA. *Your hyperactive child: a parent's guide to coping with attention deficit disorder.* New York: Doubleday, 1988. 206 p.

*LAPORTE, DANIELLE ET LISE SÉVIGNY. *Comment développer l'estime de soi de nos enfants : Guide pratique à l'intention des parents d'enfants de 6 à 12 ans.* Montréal: Hôpital Sainte-Justine, 1993. 109 p.

*LAVIGUEUR, SUZANNE. *Ces parents à bout de souffle : Un guide de survie à l'intention des parents qui ont un enfant hyperactif.* Outremont : Quebecor, 1998. 416 p.

*LEDUC, CLAIRE. *Le parent entraîneur ou la méthode du juste milieu.* Montréal : Logiques, 1994. 216 p.

*MC NAMARA, BARRY E ET FRANCINE J MC NAMARA. *Keys to parenting a child with attention deficit disorder.* New York: Barron's Educational Series, 1993. 202 p.

MINDE, KLAUS. *L'enfant hyperactif : un guide pour les parents.* Ottawa: Troubles d'apprentissage-Association canadienne,1988. 26 p.

*MONTBOURQUETTE, JEAN. *L'ABC de la communication familiale : le livre des parents qui n'ont pas le temps de lire.* Ottawa : Novalis, 1993. 64 p.

*PARKER, HARVEY C. *The ADD hyperactivity workbook for parents, teachers, and kids.* Second edition. Plantation : Specialty Press, 1994. 142 p.

*PHELAN, THOMAS W. *1-2-3-Magic: Effective Discipline for Children 2-12.* Illinois : Child Management, 1995. 175 p.

SAFER, DANIEL J ET RICHARD P ALLEN. *Hyperactive children diagnosis and management.* Baltimore : University Park Press, 1976. 29 p.

SCHMITT, BARTON. *Dix principes pour mieux vivre avec l'enfant hyperactif.* Montréal : AQETA.

*SILVER, LARRY. *The misunderstood child: a guide for parents of children with learning disabilities.* Second edition. TAB Books, 1992. 322 p.

STEWART, MARK A ET SALLY W OLDS. *Raising your hyperactive child.* New York : Harper and Row, 1973. 286 p.

TAYLOR, ERIC. *The hyperactive child: a parent's guide.* Ontario : Prentice-Hall Canada, 1985. 106 p.

WEISS, GABRIELLE ET LILY T HECHTMAN. *Hyperactive children grown up.* New York : Guilford Press, 1993. 473 p.

Suggestions de lecture pour les enfants

GERVAIS, JEAN. *Le cousin hyperactif.* Montréal : Les éditions Boréal, 1996. 63 p.

GORDON, MICHAEL. *Jumpin'Johnny Get Back to Work.* New York : GSI Publications, 1997. 24 p.

INGERSOLL, BARBARA D. *Distant Drums, Different Drummers : A Guide for Young People with ADHD.* Maryland : Cape Publications, 1995. 40 p.

Quinn Patricia O and Judith M Stern. *Putting on the brakes: Young people's guide to understanding attention deficit hyperactivity disorder (ADHD)*. New York: Magination Press, 1991. 64 p.

Sites Internet

Guide pour parents d'enfants hyperactifs
de Elaine Lemire

Site animé et intéressant, créé par la mère d'un enfant hyperactif. La section « Vivre avec l'hyperactivité » suggère des trucs, conseils et astuces. Vous y trouverez des renseignements sur le syndrome du TDAH chez l'enfant et l'adulte, des témoignages, un forum de discussion ainsi que des références pour des volumes et des associations.

Site Internet : http ://planete.qc.ca/sante/elaine/

Vivre avec une enfant qui a un déficit d'attention
de A.P.A.M.M. Granby et région, par Denis Gagné, psychologue

Guide d'information bien étoffé traitant de l'identification des difficultés chez l'enfant, des caractéristiques du TDAH, du recours à la médication, de l'intervention éducative par le parent ainsi que du déficit d'attention chez l'adulte.

Site Internet : http ://apamm.endirect.qc.ca/guideenfant.htm

Au-delà des difficultés de l'attention
du Dr Claude Jolicœur, pédopsychiatre

Documentation élargie et judicieuse sur les notions d'hyperactivité et de déficit de l'attention, de l'enfance à l'âge adulte. On y discute du traitement en milieu familial et scolaire, de médication, d'éducation et de psychologie de l'enfant. On y pro-

pose de nombreuses références écrites ainsi que des ressources de toutes catégories.

Site Internet : http ://www.aei.ca/~ claudej/sommaire.html

Hyperactivité -SOS Genève- en Suisse romande (HYPSOS)

Point de ralliement stimulant pour les parents et les intervenants désireux de se renseigner puis de faire reconnaître la
réalité du TDAH ainsi que son traitement. Des nouvelles sur
l'actualité clinique et sociale ainsi qu'une diversité de
ressources y sont regroupées.

Association HYPSOS
Case postale 103
1242 Satigny
Genève Suisse
Téléphone : (022)753-39-12
Télécopieur : (022)797-37-07
Site Internet : http ://www.hypsos.ch/

ASSOCIATIONS

Les groupes PANDA au Québec
(Parents Aptes à Négocier le Déficit de l'Attention)

PANDA est un comité-ressource pour les parents d'enfants
affectés d'un TDAH. Il a pour objectif de les regrouper, de les
informer et de leur transmettre des outils pour intervenir
auprès de leur jeune. Il sensibilise aussi les divers intervenants
et le grand public tout en favorisant la mise en place de ressources appropriées. L'association offre des services d'entraide,
des causeries, de l'écoute téléphonique ainsi que de l'accompa-
gnement dans les démarches.

Pour repérer le groupe de votre région, vérifiez auprès :

1) de votre CLSC

2) du site Internet de PANDA de la M.R.C. de l'Assomption
   http : //members.xoom.com/enfants_tdah/panda

3) du Regroupement des associations de parents
   PANDA du Québec - Secrétariat
   Sylvie Bouchard
   527, rue Langlois, app. 1
   Sherbrooke (Québec) J1E 2N7
   Téléphone : (819) 565-7131
   Télécopieur : (819) 565-5220
   Courrier électronique : panda_estrie@videotron.ca

L'Association québécoise pour les troubles d'apprentissage (AQETA)

L'AQETA est un organisme reconnu et respecté qui s'occupe de sensibiliser la population aux troubles d'apprentissage, dont fait partie le TDAH. Depuis 1966, cette association s'active à faire valoir les besoins de même que les droits des enfants et des adultes affectés de problèmes d'apprentissage. Elle a encouragé les établissements concernés par cette réalité à mettre en place des ressources d'évaluation et d'intervention.

Par son expertise, l'AQETA agit aussi à titre de consultant dans diverses concertations. Elle offre des services de références, de soutien, d'entraide et d'écoute. À chaque année, elle organise un congrès international qui est fréquenté par des parents et des professionnels de tous les milieux.

En 1999, l'AQETA s'est mérité le prix Droits et Libertés décerné par la Commission des droits de la personne et des droits de la jeunesse du Québec. Cette distinction a souligné son engagement dans la promotion et la défense des gens qu'elle représente. Pour vous renseigner davantage :

284, rue Notre-Dame Ouest, bureau 300
Montréal (Québec) H2Y 1t7
Téléphone : (514)847-1324
Télécopieur : (514)281-5187
Courrier électronique :aqeta @sympatico.ca
Site Internet : http ://edu-ss10.educ.queensu.ca/~lda/aqeta/

Troubles d'apprentissage - Association canadienne

323, Chapel Street
Ottawa (Ontario) K1N 7Z2
Téléphone : (613)238-5721
Télécopieur : (613)235-5391
Courrier électronique : ldactaac@fox.nstn.ca

Association APPUIS

Regroupement des parents de la Belgique francophone.

62, rue des Champs Elysées
B 1050 Bruxelles
Belgique
Téléphone : (32)(2)640.44.27
Courrier électronique : paul.verheecke@ village.uunet.be

ASPEDAH

Association Suisse Romande de Parents d'Enfants avec Déficit d'Attention et/ou Hyperactivité (THADA)

ASPEDAH - secrétariat
Cité Ouest 32
CH - ll96 Gland
Suisse
Téléphone : 022/995.03.65
Télécopieur : 022/995.03.66
Courrier électronique : aspedah@elpos.ch

La Collection de l'Hôpital Sainte-Justine
pour les parents

L'allaitement maternel

*Comité pour la promotion
de l'allaitement maternel de l'Hôpital Sainte-Justine*

Le lait maternel est le meilleur aliment pour le bébé. Tous les conseils pratiques pour faire de l'allaitement une expérience réussie !

ISBN 2-921858-69-X   1999 / 104 p.

Apprivoiser l'hyperactivité et le déficit de l'attention

Colette Sauvé

Une gamme de moyens d'action dynamiques pour aider l'enfant hyperactif à s'épanouir dans sa famille et à l'école.

ISBN 2-921858-86-X   2000 / 96 p.

Au-delà de la déficience physique ou intellectuelle
Un enfant à découvrir

Francine Ferland

Comment ne pas laisser la déficience prendre toute la place dans la vie familiale ? Comment favoriser le développement de cet enfant et découvrir le plaisir avec lui ?

ISBN 2-922770-09-5   2001 / 232 p.

Au fil des jours... après l'accouchement

L'équipe de périnatalité de l'Hôpital Sainte-Justine

Un guide précieux pour répondre aux questions pratiques de la nouvelle accouchée et de sa famille durant les premiers mois suivant l'arrivée de bébé.

ISBN 2-922770-18-4   2001 / 96 p.

Au retour de l'école...
La place des parents dans l'apprentissage scolaire

Marie-Claude Béliveau

Une panoplie de moyens pour aider l'enfant à développer des stratégies d'apprentissage efficaces et à entretenir sa motivation.

ISBN 2-921858-94-0   2000 / 176 p.

En forme après bébé
Exercices et conseils
Chantale Dumoulin

Des exercices et des conseils judicieux pour aider la nouvelle maman à renforcer ses muscles et à retrouver une bonne posture.

ISBN 2-921858-79-7   2000 / 128 p.

En forme en attendant bébé
Exercices et conseils
Chantale Dumoulin

Des exercices et des conseils pratiques pour garder votre forme pendant la grossesse et pour vous préparer à la période postnatale.

ISBN 2-921858-97-5   2001 / 112 p.

L'enfant malade
Répercussions et espoirs
Johanne Boivin, Sylvain Palardy et Geneviève Tellier

Des témoignages et des pistes de réflexion pour mettre du baume sur cette cicatrice intérieure laissée en nous par la maladie de l'enfant.

ISBN2-921858-96-7   2000 / 96 p.

L'estime de soi des adolescents
Germain Duclos, Danielle Laporte et Jacques Ross

Comment faire vivre un sentiment de confiance à son adolescent ? Comment l'aider à se connaître ? Comment le guider dans la découverte de stratégies menant au succès ?

ISBN 2-922770-42-7   2002 / 96 p.

L'estime de soi des 6 - 12 ans
Danielle Laporte et Lise Sévigny

Une démarche simple pour apprendre à connaître son enfant et reconnaître ses forces et ses qualités, l'aider à s'intégrer et lui faire vivre des succès.

ISBN 2-922770-44-3   2002 / 112 p.

L'estime de soi, un passeport pour la vie

Germain Duclos

Pour développer des attitudes éducatives positives qui aideront l'enfant à acquérir une meilleure connaissance de sa valeur personnelle.

ISBN 2-921858-81-9   2000/128 p.

Et si on jouait?
Le jeu chez l'enfant de la naissance à 6 ans

Francine Ferland

Les différents aspects du jeu présentés aux parents et aux intervenants : information détaillée, nombreuses suggestions de matériel et d'activités.

ISBN 2-922770-36-2   2002/184 p.

Être parent, une affaire de cœur I

Danielle Laporte

Des textes pleins de sensibilité, qui invitent chaque parent à découvrir son enfant et à le soutenir dans son développement.

ISBN 2-921858-74-6   1999/144 p.

Être parent, une affaire de cœur II

Danielle Laporte

Une série de portraits saisissants : l'enfant timide, agressif, solitaire, fugueur, déprimé, etc.

ISBN 2-922770-05-2   2000/136 p.

Famille, qu'apportes-tu à l'enfant?

Michel Lemay

Une réflexion approfondie sur les fonctions de chaque protagoniste de la famille, père, mère, enfant... et les différentes situations familiales.

ISBN 2-922770-11-7   2001/216 p.

La famille recomposée
Une famille composée sur un air différent
Marie-Christine Saint-Jacques et Claudine Parent

Comment vivre ce grand défi? Le point de vue des adultes (parents, beaux-parents, conjoints) et des enfants impliqués dans cette nouvelle union.

ISBN 2-922770-33-8   2002/144 p.

Favoriser l'estime de soi des 0 - 6 ans
Danielle Laporte

Comment amener le tout-petit à se sentir en sécurité ? Comment l'aider à développer son identité ? Comment le guider pour qu'il connaisse des réussites ?

ISBN 2-922770-43-5   2002/112p.

Guide Info-Parents I
L'enfant en difficulté
Michèle Gagnon, Louise Jolin et Louis-Luc Lecompte

Un répertoire indispensable de ressources (livres, associations, sites Internet) pour la famille et les professionnels.

ISBN 2-921858-70-3   1999/168 p.

Guide Info-Parents II
Vivre en famille
Michèle Gagnon, Louise Jolin et Louis-Luc Lecompte

Des livres, des associations et des sites Internet concernant la vie de famille: traditionnelle, monoparentale ou recomposée, divorce, discipline, conflits frères-sœurs...

ISBN 2-922770-02-8   2000/184 p.

Guide Info-Parents III
Maternité et développement du bébé
Michèle Gagnon, Louise Jolin et Louis-Luc Lecompte

Des ressources fort utiles concernant la grossesse, l'accouchement, les soins à la mère et au bébé, le rôle du père, la fratrie…

ISBN 2-922770-22-2   2001/152 p.

Guider mon enfant dans sa vie scolaire

Germain Duclos

Des réponses aux questions les plus importantes et les plus fréquentes que les parents posent à propos de la vie scolaire de leur enfant.

ISBN 2-922770-21-4   2001 / 248 p.

Les parents se séparent...
Pour mieux vivre la crise et aider son enfant

Richard Cloutier, Lorraine Filion et Harry Timmermans

Pour aider les parents en voie de rupture ou déjà séparés à garder espoir et mettre le cap sur la recherche de solutions.

ISBN 2-922770-12-5   2001 / 164 p.

La scoliose
Se préparer à la chirurgie

Julie Joncas et collaborateurs

Dans un style simple et clair, voici réunis tous les renseignements utiles sur la scoliose et les différentes étapes de la chirurgie correctrice.

ISBN 2-921858-85-1   2000 / 96 p.

Les troubles anxieux expliqués aux parents

Chantal Baron

Quelles sont les causes de ces maladies et que faire pour aider ceux qui en souffrent ? Comment les déceler et réagir le plus tôt possible ?

ISBN 2-922770-25-7   2001 / 88 p.

Les troubles d'apprentissage : comprendre et intervenir

Denise Destrempes-Marquez et Louise Lafleur

Un guide qui fournira aux parents des moyens concrets et réalistes pour mieux jouer leur rôle auprès de l'enfant ayant des difficultés d'apprentissage.

ISBN 2-921858-66-5   1999 / 128 p.

Guide Info-Parents I
L'enfant en difficulté

*Michèle Gagnon, Louise Jolin
et Louis-Luc Lecompte*
ISBN 2-921858-70-3
1999
168 pages

Maladie, deuil, peurs inexpliquées, sommeil perturbé, violence à l'école... Pour aider les parents et leurs enfants à apprivoiser ensemble ces difficultés et bien d'autres, voici, présenté sous 60 thèmes, un vaste choix de livres, d'associations et de liens vers des sites Internet. Un outil également indispensable pour les éducateurs, les intervenants du secteur de la santé et les professionnels de la documentation.

Guide Info-Parents II
Vivre en famille

*Michèle Gagnon, Louise Jolin
et Louis-Luc Lecompte*
ISBN 2-922770-02-8
2000
184 pages

Construit comme le *Guide Info-Parents I*, cet ouvrage propose des livres, des associations et des sites Internet concernant la vie de famille : traditionnelle, monoparentale, ou recomposée, séparation ou divorce, enfant doué, enfant adopté, relation avec un adolescent, discipline, conflits frères-sœurs, éducation sexuelle...

Guide Info-Parents III
Maternité et développement du bébé

*Michèle Gagnon, Louise Jolin
et Louis-Luc Lecompte*
ISBN 2-922770-22-2
2001
148 pages

Ce troisième *Guide Info-Parents* est divisé en quatre parties : Devenir parents, La grossesse et l'accouchement, Les complications de la grossesse, Bébé est arrivé. Il contient un vaste choix de livres, de groupes d'entraide et des sites Internet reliés à la maternité et au développement du bébé. Destiné d'abord aux nouveaux parents et à toute personne travaillant auprès d'eux, le guide s'adresse également aux libraires, aux bibliothécaires et aux recherchistes.

Guider mon enfant dans sa vie scolaire

Germain Duclos
ISBN 2-922770-21-4
2001
248 pages

Cet ouvrage aborde les questions qui reflètent les inquiétudes de la plupart des parents par rapport à la vie scolaire de leur enfant : motivation, autonomie, devoirs et leçons, créativité, sentiment d'appartenance, relations parents-intervenants scolaires, difficultés d'adaptation ou d'apprentissage, stress de performance, etc.

Les parents se séparent
Pour mieux vivre la crise et aider son enfant

Richard Cloutier, Lorraine Filion et Harry Timmermans
ISBN 2-922770-12-5
2001
164 pages

Ce livre s'adresse aux parents qui vivent la crise de la séparation. Le défi est de bien vivre ce bouleversement, de soutenir l'enfant et de trouver une nouvelle forme à la famille, qui soit différente de l'ancienne et qui puisse permettre de continuer d'être parent à part entière. Pour aider les parents en voie de rupture ou déjà séparés à garder le cap sur l'espoir et la recherche de solutions.

La scoliose
Se préparer à la chirurgie

Julie Joncas et collaborateurs
ISBN 2-921858-85-1
2000
100 pages

Cet ouvrage s'adresse aux adolescents et adolescentes qui doivent subir une chirurgie correctrice pour une scoliose de même qu'à leurs familles. L'auteur (et ses collaborateurs québécois et français) explique en détail, dans un style simple et vivant, en quoi consistent la scoliose et la chirurgie correctrice ; il donne également tous les renseignements concernant la préhospitalisation et les périodes per et postopératoire.

Les troubles anxieux expliqués aux parents

Chantal Baron
ISBN 2-922770-25-7
2001
88 pages

Un grand nombre d'enfants et d'adolescents souffrent de troubles anxieux (anxiété de séparation, anxiété généralisée, trouble panique, agoraphobie, trouble obsessif-compulsif, trouble de stress aigu ou post-traumatique, etc.). Que sont ces maladies qui altèrent de façon marquée le fonctionnement de ces jeunes ? Quelles en sont les causes et que faire pour aider ceux qui en souffrent ?

Les troubles d'apprentissage : comprendre et intervenir

Denise Destrempes-Marquez
et Louise Lafleur
ISBN 2-921858-66-5
1999
128 pages

Les troubles d'apprentissage ne sont pas dus à un déficit de l'intelligence, mais plutôt à des difficultés dans l'acquisition et le traitement de l'information. Peut-on imaginer la frustration de l'enfant et l'inquiétude des parents qui ne savent pas comment intervenir ? Ce guide fournira aux parents des moyens concrets et réalistes pour mieux jouer leur rôle.

MEMBRE DE SCABRINI MEDIA

Québec, Canada
2003